CÓMO ABRAZAR A UN ERIZO

Brad Wilcox y Jerrick Robbins

Cómo abrazar a un erizo

12 claves para conectar de forma positiva con los adolescentes

URANO

Argentina – Chile – Colombia – España
Estados Unidos – México – Perú – Uruguay – Venezuela

Título original: *How to Hug a Hedgehog – 12 Keys for Connecting with Teens*
Editor original: Familius LLC
Traducción: Rocío Carmona Fernández

1.ª edición Junio 2016

Copyright © 2014 by Brad Wilcox and Jerrick Robbins
All Rights Reserved
© 2016 de la traducción *by* Rocío Carmona Fernández
© 2016 *by* Ediciones Urano, S.A.U.
Aribau, 142, pral. – 08036 Barcelona
www.mundourano.com
www.edicionessurano.com

ISBN: 978-84-7953-942-9
E-ISBN: 978-84-9944-971-5
Depósito legal: B-9.841-2016

Fotocomposición: Ediciones Urano, S.A.U.
Impreso por Rodesa, S.A. – Polígono Industrial San Miguel
Parcelas E7-E8 – 31132 Villatuerta (Navarra)

Impreso en España – *Printed in Spain*

Agradecimientos

Escribir este libro ha sido una experiencia maravillosa, y nos sentimos agradecidos a todas aquellas personas que lo han hecho posible. Nuestros amigos de Familius son increíbles. Nos gustaría dar las gracias especialmente a Christopher Robbins, Maggie Wickes, Brooke Jorden, David Miles y al resto de su fantástico equipo, por las muchas horas dedicadas a diseñar, editar y preparar este libro para su publicación.

Gracias especialmente a todas las personas que nos han permitido compartir sus historias y sus experiencias. Hemos aprendido mucho de ellas y apreciamos el ejemplo, la dedicación y el compromiso que han demostrado tener para fortalecer sus familias. Gracias también a Barbara y Hal Jones por su amistad. También queremos hacer extensivo este agradecimiento a nuestras familias, especialmente a nuestras esposas, Debi Wilcox y Aimee Robbins. Y, para terminar, no estaríamos donde estamos hoy si no hubiese sido por la persistencia y la abnegación de nuestros padres cuando éramos jóvenes. Gracias a Ray y Val Wilcox y a Rob y Liz Robbins por conectar con nosotros cuando éramos adolescentes. Les queremos y nos sentimos muy agradecidos por habernos brindado su apoyo y habernos ayudado a realizar nuestros sueños.

Índice

Trabajar la autoestima

Introducción

Cómo abrazar a un erizo

«¡No quiero abrazar a ese!», dijo Paisley, de tres años, mientras señalaba a un caimán. Brad había llevado a sus nietos al zoo, y Paisley, el más pequeño, dividía el reino animal en dos grupos: animales abrazables y animales no abrazables. Los koalas eran abrazables; los caimanes no.

Brad le animaba a jugar a medida que iban pasando de jaula en jaula, preguntándole: «¿Abrazarías a este?». Se sorprendió un poco cuando Paisley dijo «sí» a las jirafas y a los flamencos. No se sorprendió cuando las serpientes obtuvieron un «no». Paisley decidió que los leones eran abrazables (por culpa de aquel león de la película de dibujos animados), pero declaró que los puercoespines y los erizos eran definitivamente no abrazables. La mayoría de las personas estarían de acuerdo con esto último. Por eso los zoológicos tienen muros y jaulas, para mantenernos alejados del contacto con estos animales.

Fuera de los zoológicos, es otra historia. Todos conocemos a adolescentes que parecen erizos y que actúan mostrando tantos pinchos como estos animalitos, y que han erigido a su alrededor muros que nos mantienen alejados. Pero así como es mejor que dejemos en paz a los animales del zoo que no son abrazables, deseamos y necesitamos conectar con estos pinchudos adolescentes, tanto por su bien como por el nuestro. Si estuviéramos en un zoo no intentaríamos rodear las jaulas ni ignoraríamos las señales de «prohibida la entrada». Pero en nuestras familias debemos tener la determinación y el coraje personal necesarios para desafiar todas las barreras y conectar incluso con los adolescentes más difíciles. Es mejor dejar que los animales salvajes lo sigan siendo. Pero, en lo más profundo de su interior, los adolescentes anhelan la conexión. Necesitan y agradecen las relaciones amorosas y positivas con sus padres y con otros adultos a quienes importan lo suficiente como para que se decidan a tocarlos a pesar de las espinas.

Los erizos son animales nocturnos. Se activan al anochecer y pasan la mayor parte del día durmiendo. ¿Le recuerda a lo que hacen los adolescentes que conoce? Los erizos comen sobre todo insectos. No siguen una dieta demasiado equilibrada. Hum. A los erizos no les gusta que los encierren. Prefieren vagabundear y explorar en el exterior. Todo esto también le resulta familiar, ¿verdad? Los erizos (y algunos adolescentes) pueden ser criaturas obstinadas, que se resisten al cambio todo el tiempo. A diferencia de muchos adolescentes, los erizos son limpios y huelen muy poco. Por supuesto, el rasgo más destacado de los erizos son sus afiladas púas, unos pelos huecos que pueden ser peligrosos cuando los despliegan. Los adolescentes utilizan defensas similares.

Cualquiera que trabaje en un zoológico sabe que hay algunos principios que pueden marcar la diferencia cuando se trabaja con animales peligrosos. Los que trabajan con niños y adolescentes saben que con ellos también hay unos principios que marcan la diferencia. Hay formas dolorosas de abrazar a un erizo y formas inteligentes de hacerlo. Aunque parezca increíble, los erizos pueden convertirse en mascotas estupendas.

Reglas para abrazar a un erizo:

1. No use guantes; déjelo olerle.
2. Tómese su tiempo; deje que se relaje. Si se hace una bola y saca las púas, mantenga la calma y sea paciente.
3. Con ambas manos, levántelo por la barriga, que está cubierta de pelo y no de púas. Déjelo que le explore y se sienta más cómodo con usted.

No hay dos erizos iguales, pero estas reglas generales sirven para la mayoría. Siguiendo con el paralelismo, no hay dos adolescentes iguales, pero existen algunas claves útiles que los padres pueden aprender. Las siguientes páginas están llenas de distintas sugerencias que a nosotros nos han funcionado. Se centran en establecer y mantener la comunicación, superar la adversidad y trabajar la autoestima. Al final de cada capítulo, encontrará invitaciones para pasar a la acción que, si tienen acogida, pueden ayudarle a poner en práctica los principios que aquí presentamos. Nuestra esperanza es que este libro sirva para validar los esfuerzos positivos que ya está realizando y le dé un empujoncito hacia nuevos caminos si es necesario.

Mientras Brad estuvo en el zoológico con sus nietas, el juego inventado por Paisley fue divertido, pero no duró. Nuestros esfuerzos por conectar con los adolescentes deben ser conscientes y constantes. El éxito que tengamos o el fracaso que suframos tendrá consecuencias de por vida para todos los implicados. Debemos encontrar formas de superar todas las barreras y llegar incluso al adolescente más pinchudo. Abrazar a un erizo puede ser un reto singular, pero no es algo vital. En cambio, construir relaciones positivas con los adolescentes es absolutamente esencial y enriquecerá y transformará nuestras vidas para siempre.

Mejorar
la comunicación

Cómo abrazar a un erizo: Regla número 1

«No use guantes;
déjelo olerle.»

A medida que un erizo empieza a conocerle a través del olfato, se siente más cómodo y de resultas abrazarlo se hace más fácil. A medida que los adolescentes y sus padres empiezan a conocerse los unos a los otros a través de una comunicación efectiva, verbal y no verbal, todos se sienten más cómodos. Los padres pueden mejorar la comunicación con los adolescentes a través de cuatro claves: siendo conscientes de las necesidades no expresadas por los adolescentes, derribando los muros que hay entre padres e hijos, pasando tiempo juntos y estableciendo y manteniendo límites adecuados.

Capítulo 1:
Escuche su llanto

«Es como si hubiera un muro», dijo una madre. «Cuando mi hija era más pequeña era fácil comunicarse con ella. Hablábamos regularmente y de forma abierta. Pero cuando se hizo mayor apareció ese muro», continuó la mujer meneando la cabeza. «¿Por qué ya nunca habla conmigo?»

La frustración de esta madre no es un caso aislado. Muchos padres conocen los muros que a menudo los adolescentes construyen. Muros que parecen altos e impenetrables. Algunos incluso están electrificados y cubiertos de alambre de espinos. Pero los muros pueden venirse abajo, tal y como se demostró con la famosa caída del muro de Berlín, en Alemania.

El muro de Berlín medía casi cuatro metros de altura, estaba cubierto de alambre de espinos y lleno de carteles que decían: «Manténgase alejado». Se construyó para aislar a la gente. Pero no podía durar para siempre, y, en 1989, el muro que durante tanto tiempo había separado a familias y amigos fue derribado. En el escritorio de Brad hay un trocito de ese muro, un pedacito de cemento con un trozo minúsculo de alambre de espinos. Por uno de sus lados el cemento está pintado de colores desteñidos. La suya podría parecer una elección extraña para decorar un escritorio, pero sirve como recordatorio de que incluso las paredes más altas y formidables, construidas para mantener a la gente separada, pueden venirse abajo.

A veces los adolescentes construyen muros invisibles a su alrededor. Puede que los construyan para protegerse, o quizás a causa de sentimientos de inseguridad, desconfianza, miedo o incomprensión. ¿Cómo pueden los padres penetrar en esas barreras de la forma más efectiva? ¿Cómo hablar con los adolescentes cuando resulta que ellos no quieren hablar con nosotros? ¿Cómo convertirnos en el tipo de persona a la que nuestros hijos se abrirán? Lo primero es ver más allá del muro, y, luego, encontrar el ladrillo suelto.

Ver más allá del muro

Algunos adolescentes llevan peinados extremos, vaqueros rotos, largas cadenas y camisetas anchas. Otros llevan tatuajes y utilizan palabras y gestos vulgares. Otros van bien arreglados, pero tienen actitudes arrogantes, groseras o desafiantes. Otros se muestran distantes y desmotivados. En todos estos casos, los adultos reciben claras señales que parecen decir: «Déjame solo y mantente fuera de mi vida». Pero debemos mirar más allá de la fachada.

Las emociones de los adolescentes a menudo se expresan en mensajes codificados —códigos secretos, si queremos llamarlos así— que debemos ser capaces de recibir e interpretar. En realidad no es nada nuevo. ¿Recuerdan la etapa en que sus hijos eran bebés? Ellos lloraban y usted no sabía por qué. Probaba a cambiarles el pañal y seguían llorando. Probaba a darles de comer, a mecerlos. Y pensaba: «¡No entiendo a este niño! ¡Ojalá pudiera hablar y decirme lo que le pasa!»

Ahora esos pequeños son adolescentes, pero seguimos jugando al mismo juego. Ya no necesitan que les cambien el pañal o que les den un biberón. Necesitan seguridad, aceptación, atención y retroalimentación positiva. Pero no expresan estas necesidades de forma más clara que cuando eran bebés. Se limitan a darle las señales y esperan que usted comprenda lo que necesitan. A su manera, nuestros adolescentes todavía lloran. Solo que ahora las lágrimas están en su interior.

Kenneth Cope escribió una canción[*] acerca de esas lágrimas silenciosas. La primera frase dice: «Un llanto aparece en la noche cuando otra vida empieza. El pequeño suplica amor hoy». La letra de Kenneth describe cómo los niños crecen y su llanto se vuelve interior. Nuestra frase favorita de la canción es una pregunta: «¿Es posible reconocer las heridas que se esconden?» Depende de nosotros «escucharles llorar las lágrimas que ocultan. Amor significa tiempo. Escucha su llanto».

¿Me quieres? ¿Te importo? ¿Soy una prioridad en tu vida? Los adolescentes casi nunca hacen estas preguntas directamente, pero sí de forma indirecta. A menudo, la parte

---

[*] Kenneth Cope: «Hear Them Cry», del álbum *Voices* (Lightware Records, 1991).

más importante de la comunicación es ser capaz de oír lo que no se dice. Del mismo modo en que todos los padres se esfuerzan por interpretar el llanto de sus bebés, ahora tenemos que adivinar, probar y ponernos en la piel de nuestros adolescentes para empezar a comprender sus mensajes no expresados. ¿Qué sienten tras esos muros? ¿Se están sintiendo inseguros, feos, sin talento, estúpidos, asustados, solos, rechazados, frustrados o vulnerables? He aquí algunas pistas que nos ayudarán a ver más allá de los muros y a oír el llanto de nuestros hijos adolescentes.

Crear distancia. Si los chicos se apartan de su familia y se muestran aparentemente vagos, retraídos o evasivos, a menudo nos encontramos ante un caso de llanto silencioso. Cuando hablamos y no nos miran a los ojos o nos evitan cuando vamos a su encuentro, podemos adivinar que hay lágrimas en su interior. Por supuesto, la reacción natural es retirarnos también y decirnos a nosotros mismos: «Sé cuándo estoy de más». O: «Si esto es lo que quiere, no voy a meterme en su vida». O: «Si no quiere hablar conmigo, yo tampoco con él». Pero debemos luchar contra esta tendencia natural. Es preciso actuar, más que reaccionar, respecto a nuestros adolescentes.

Un padre, que crio a diez hijos y tres hijas, explicaba cómo buscó respuestas cuando uno de sus hijos adolescentes se volvió distante: «La mayor revelación que obtuve de todo lo que leí en esa época fue esta idea sencilla pero profunda: me hablara mi hijo o no, eso no cambiaba el hecho de que yo sí podía hablarle. Aunque se tratara de una comunicación en un solo sentido, al menos así él sabía cómo me sentía. Y yo sentía que eso mantenía los canales abiertos, de modo que él sabía que yo siempre estaría ahí si me necesitaba». Este padre se acercó a su hijo y le dijo: «Creo que sé por lo que estás pasando. Solo quiero que sepas que sé que puedes hacerlo, que te quiero y que confío en ti». El chico no contestó, pero le escuchó. El padre no siguió su tendencia natural de alejarse de su hijo. En lugar de eso, mantuvo abierta la comunicación y fue capaz de mostrarle que le importaba. Este padre actuó.

No obstante, a los adolescentes les cuesta saber cómo actuar. ¿Qué se supone que son, niños mayores o pequeños adultos? Andar alicaído y retraerse son algunas de las formas en que los adolescentes prueban nuevos roles para ver si encajan. Cuando eso sucede, escuchemos su llanto.

Comportamiento extremo. Los adolescentes que son excesivamente silenciosos o excesivamente ruidosos están tratando de comunicar algo desde detrás del muro. «Este chico es tan arrogante. Necesita una buena lección». O bien: «Es muy tímida, no te molestes en hablar con ella». Decimos estas cosas cuando en realidad lo que estos dos chicos necesitan es justo lo contrario. El orgullo fingido o la timidez no son más que estrategias que usan los adolescentes porque en su interior se sienten pequeños, ignorados, poco importantes o celosos de los demás.

Los adolescentes críticos en extremo y a quienes les cuesta encontrar una sola cosa buena que decir de los demás es probable que traten desesperadamente de encontrar una sola cosa que les guste de ellos mismos. Escuchemos su llanto.

«Tengo un amigo que…». Jerrick recuerda una época en la que regresaba a casa después de la escuela y les decía a sus padres: «Tengo un amigo que desea mucho ver una película en la que quizá salgan algunas cosas malas. Pero él dice que si cierra los ojos no pasará nada. ¿Qué le diríais?»

En lugar de decirle algo como: «Yo diría que te busques a otro amigo» o criticar rápidamente a su «amigo», los padres de Jerrick le escuchaban mientras él explicaba la situación. Sí, el amigo de Jerrick estaba pensando en ir a ver esa película, igual que él. Él sabía que no debía ver lo que salía en la pantalla, porque eso violaba las normas de la familia, pero pensaba que si cerraba los ojos no pasaría nada. En lugar de preguntar directamente a sus padres si de verdad no pasaba nada, Jerrick les preguntaba acerca de su amigo para descubrir la posible respuesta de sus padres.

Siempre que un niño cuenta el problema de «un amigo», hay muchas posibilidades de que el niño esté enfrentándose a un problema parecido. Los jóvenes lanzan pistas acerca de «amigos» para probar nuestras reacciones. Si nos mostramos rápidos y severos quizá no se abran nunca más. Guárdese las críticas el tiempo suficiente para poder escuchar su llanto.

Comunicación no verbal. Muy poco de lo que una persona dice proviene de las palabras. La mayor parte de nuestra comunicación proviene del lenguaje corporal. Nuestro tono de voz también envía señales no explícitas a nuestro oyente. Por ello, es importante para los padres aprender a escuchar con los ojos y con el corazón a la vez que lo hacen con los oídos. En resumen, debemos ser conscientes de que las verdaderas actitudes y sentimientos de los adolescentes se expresan habitualmente mediante gestos, posturas, tipo de discurso, tono de voz, volumen y lugar hacia el que miran.

Es necesario darse cuenta de la expresión de sus rostros, de su mirada y de los gestos que hacen con la cabeza. Podemos detectar aburrimiento, hostilidad o cansancio simplemente observando el movimiento repetitivo de sus piernas cuando están sentados o cómo mueven las manos. Observe con cuidado las señales no verbales. Escuche su llanto.

Llamada de atención. Con los niños sucede a menudo que los comportamientos negativos son una estratagema para atraer la atención. Lo mismo sucede con los adolescentes. Las bromas infantiles tales como reír en momentos inapropiados o tirar del pelo dejan paso a las palabrotas, los estilos extremos en el vestir, los piercings, los gestos ofensivos con las manos, los peinados estrafalarios y los tatuajes. Todos estos comportamientos manifiestos están enviando el mismo mensaje: «Préstame atención. Por favor, mírame como a un individuo y aprecia el hecho de que soy diferente».

Cuando los adolescentes afirman de manera impulsiva cosas como: «Odio la escuela» o: «Mi profesor es idiota», a menudo lo que desean es simplemente que alguien se dé cuenta de que se sienten frustrados. Debemos tener cuidado de no tomar al pie de la letra las cosas *incorrectas* que los adolescentes dicen o hacen. En este tipo de situaciones, los jóvenes pueden sentirse tan inseguros acerca de lo que es *correcto* como inseguros se sienten acerca de sí mismos. Escuche su llanto.

Comportamiento incoherente. Cualquier diferencia entre el comportamiento habitual y el comportamiento presente a menudo es una llamada de ayuda. Una chica a quien normalmente la escuela le iba bien empezó a perder el autobús. Cuando su madre le preguntaba si estaba lista para salir, la chica respondía: «Ya voy». Y luego se entretenía hasta que perdía el autobús y su madre tenía que llevarla a la escuela.

La madre intentó razonar con su hija diciéndole: «Esto es ridículo. Eres una persona responsable y madura. No deberías necesitar que fuera detrás de ti como un bebé por las mañanas». La chica estuvo de acuerdo y durante los siguientes días llegó a tiempo para coger el autobús. Y luego empezó a perderlo de nuevo. Su madre le dijo entonces: «Esto no es propio de ti. Hasta ahora siempre podía confiar en ti. Si pierdes el autobús de nuevo, te llevaré, pero tendrás que pagarme por ello».

A la mañana siguiente, la madre acabó llevando a la chica a la escuela. Cuando llegaron le dijo: «Son tres dólares y un "gracias"». La chica estalló y le contestó indignada: «¡A los taxistas no se les dan las gracias!».

La madre se alejó de la escuela con su hija todavía dentro del coche. Por fin había oído su llanto. Le dijo: «Tenemos que hablar». La chica admitió al fin que estaba pasándolo mal durante la primera hora de clase. No entendía al profesor y se sentía estúpida. Además, algunos chicos de la clase se burlaban de ella. Por fin, madre e hija estaban abordando los verdaderos problemas, que poco tenían que ver con coger el autobús. Cuando el comportamiento del adolescente sea incoherente, escuche su llanto. Después de escucharlo debemos encontrar el *ladrillo suelto* en los muros que ha construido a su alrededor.

Encontrar el *ladrillo suelto*

«Lo que más me gusta de mi madre es que le gusta lo mismo que a mí, aunque sea vieja», explicaba un adolescente. «Ella no cree que lo que me gusta sea estúpido o una moda pasajera. No dice que mis gustos son inmaduros».

Un amigo de Brad que trabajaba en la construcción le enseñó una vez un principio valioso acerca de cómo derribar muros cuando afirmó: «Habiendo derribado algunas paredes en mi época, he descubierto que cada una tiene una debilidad, un ladrillo que está suelto».

Cuando lidiamos con gente joven que ha construido muros a su alrededor debemos encontrar el ladrillo suelto: un interés favorito, un sueño o una habilidad que ayude a que el adolescente se abra. Pueden ser las motos, los deportes, la comida, el sexo opuesto o incluso un diario.

Un chico de Nueva York que asistía a un programa para jóvenes de una semana de duración en la Costa Oeste se mostraba retraído al inicio. Su supervisor estaba preocupado y se lo contó al director del programa: «Simplemente se queda en su habitación y escribe en su diario». ¿Era este el ladrillo suelto que el director necesitaba?

Aquel día a la hora de la cena, el director se sentó a propósito junto al chico en la cafetería. Comenzó a entablar una conversación normal y luego cambió de tema hacia los diarios. El director dijo: «La gente no me cree normalmente cuando lo digo, pero uno de mis pasatiempos favoritos es escribir en mi diario. Ya he completado varios volúmenes».

«¿De verdad?», los ojos del chico se iluminaron. «Yo escribo un diario también. Creo que es importante». Aquel fue el punto de inflexión. El chico empezó a acudir a actividades y a interactuar con el director y con otras personas. Antes de que la semana acabara, había hecho muchos amigos nuevos. Todo comenzó cuando alguien mostró un poco de interés por su gran interés.

Durante el primer año de instituto de Jerrick, este desarrolló una enfermedad en el estómago que tenía perplejos a sus médicos. No entendían por qué se sentía tan enfermo y estaban resueltos a encontrar la causa. Le hicieron muchas pruebas para descartar ciertas enfermedades.

El día antes de una de esas pruebas médicas, una colonoscopia, Jerrick se sentía especialmente nervioso. ¿Quién no lo estaría ante una prueba así? Después de un día entero sin comer nada excepto gelatina amarilla y caldo de pollo, además del delicioso citrato de magnesio, tenía los nervios de punta. En circunstancias normales habría hecho deporte o habría comido helado para calmarse, pero esas opciones no eran posibles, así que bajó las escaleras y se puso a jugar al billar, un juego que le encantaba, él solo.

Unos minutos más tarde bajó su padre y se puso a jugar con él. Tras un par de preguntas, Jerrick se abrió a su padre y le habló de los sentimientos que estaba experimentando en esos momentos. Jerrick nunca habría hablado con su padre acerca de sus miedos si este no hubiera estado dispuesto a bajar a jugar al billar.

Un profesor acudió una vez a una fiesta de despedida de un estudiante que se marchaba a la universidad. El joven parecía preparado para emprender esa nueva etapa. Llevaba ropa nueva y se había cortado el pelo el día antes. Sonreía con confianza. Los padres del chico sabían que el estilo de vida de su hijo no había sido siempre tan pulcro como lo estaba su pelo en ese momento. Nunca fue un mal chico. No había hecho nada demasiado terrible, pero se había vuelto muy introvertido y había descartado por completo ir a la universidad. Parecía que nadie podía llegar a él. Entonces aquel profesor había aparecido en su vida y finalmente atravesó el muro.

Más tarde, los padres preguntaron al profesor cómo había conseguido llegar hasta el joven, que se las había arreglado para distanciarse completamente de todo el mundo. ¿Había compartido alguna historia especial o una experiencia personal con el chico? ¿Habían tenido charlas en profundidad? El profesor sonrió y dijo: «No van a creerme, pero un día descubrí que a su hijo le gustan las reposiciones de la misma vieja serie de televisión que me gusta a mí. Después de clase venía a hablar de ese programa. Me traía información acerca de por cuánto se subastaban los vestidos y los decorados de la serie y dónde estaban ahora los antiguos actores». El profesor se había topado con el ladrillo suelto, y trabajó en él hasta que abrió un hueco en el muro de aislamiento que había alrededor del chico.

Después de que Brad diese una charla en una conferencia para padres acerca de la importancia de encontrar el ladrillo suelto, una madre se le acercó y le dijo:

—Pero no hay manera de llegar hasta mi hija. Sencillamente, no tiene ladrillos sueltos. Como mucho, algún tornillo suelto, quizá, pero no ladrillos.

—Seguro que los tiene —le aseguró Brad—. ¿De qué habla normalmente, o qué temas de conversación saca?

—Ninguno.

—¿Qué hace en su tiempo libre si puede escoger?

—Nada. Solo va a la escuela y trabaja.

—Y, entonces, ¿qué hace con el dinero que gana?

—Se compra un montón de ropa —contestó la madre poniendo los ojos en blanco.

Brad sonrió y le dijo:

—Adivine lo que acaba de encontrar.

Tres preguntas: ¿de qué habla su hijo sobre todo? ¿Qué hace su adolescente en su tiempo libre? ¿En qué gasta su dinero? Las respuestas a estas preguntas pueden ayudarnos a localizar el ladrillo suelto. A partir de ahí es solo cuestión de dedicar el tiempo necesario a tirar y empujar hasta que nos abramos camino.

Una mujer aprendió la importancia de ver más allá del muro y de encontrar el ladrillo suelto cuando su hija tenía quince años. Aquel verano, su hija participó en un campamento estatal en California, un campamento que había estado esperando durante todo el año. Pero, cuando regresó a casa, la madre notó un gran cambio en su hija. Se mostraba más distante con su familia. Sus estados de ánimo eran extremos. No cuidaba de su aspecto, lo que era raro en ella.

Durante ese tiempo la mujer no reconoció el llanto que estaba escuchando. No se le ocurrió acercarse a su hija para hablar. Los problemas siguieron y finalmente se dio cuenta de que tenía que hacer algo al respecto.

Una noche, su hija se fue a hacer de canguro y se dejó su diario abierto cerca de la puerta de entrada. Aquello no era propio de ella. La mujer lo tomó y empezó a leer. Cuanto más leía, más horrorizada estaba. Un mentor del campamento con el que su hija se había estado escribiendo estaba participando en ciertas actividades ilegales e invitaba a la chica a unirse a ellas. La mujer explicó: «No puedo decirle cómo me sentí en ese momento. Cogí el diario y se lo mostré a mi marido. Estaba furioso con el hecho de que ese mentor estuviera autorizado para trabajar con jovencitas en el campamento. Quería que los responsables se enteraran de lo que estaba sucediendo».

Mientras tanto, la mujer no sabía qué hacer respecto a su hija. Habló con sus mejores amigos y todos le aconsejaron que buscara ayuda profesional. Así que fue a tres psicólogos distintos hasta que encontró a uno que le dio el consejo que de verdad tenía sentido para ella.

El terapeuta le dijo a la mujer que tenía que hablar con su hija abiertamente acerca de todo el asunto. Nada le daba más miedo que aquello. Parecía mucho más sencillo seguir adelante haciendo sus cosas típicas de madre y fingir que no pasaba nada. El terapeuta le dijo que tenía que ser honesta con su hija e incluso decirle que había leído su diario.

Al día siguiente, la mujer se sentó con su hija y se lo contó todo. La chica estaba desolada porque su madre había violado su intimidad.

Esta madre preocupada simplemente dijo: «El amigo con el que te escribes está siguiendo un camino equivocado. Es mucho mayor que tú, y me parece que continuar esta amistad es realmente peligroso para ti».

Su hija salió de la habitación llorando. ¿Una experiencia sencilla? No. ¿Divertida? No. ¿Necesaria? Sí. ¿Esta mujer había manejado la situación del modo correcto? No lo sabía. Sencillamente, lo estaba haciendo lo mejor que podía.

En los días que siguieron, el terapeuta le aconsejó que dedicara más tiempo a establecer lazos afectivos con su hija. La había criado igual que a su hijo, y ahora se daba cuenta de que algunos niños necesitan más amor y atención. Pensó que quizás ella no le había dado a su hija todo el amor que necesitaba, y por eso su hija estaba buscando en otra parte una sensación de pertenencia. El terapeuta le dijo que no se culpara, sino que tratara de comunicarse, que dejara hablar a su hija y luego la escuchara.

La mujer no sabía por dónde empezar. En aquel momento no estaba pensando en ladrillos sueltos. Se sentía abrumada por la tarea que tenía por delante. «Mi hija adolescente me odiaba tanto», decía. «Todavía siento esa horrible sensación en la boca del estómago cuando pienso en ello. Resulta muy desesperanzador que tu propio hijo te odie.»

Sabía que su hija no tenía ningún interés en estar con ella en ese momento, pero también sabía que tenía quince años y que estaba muy interesada en conducir. Le dijo: «De acuerdo, ¿así que quieres aprender a conducir? Te recogeré cada día en la escuela para que puedas practicar».

Cada tarde, esta madre recogía a su hija, quien se montaba en el coche, daba un portazo y no decía una palabra. La madre la dejaba practicar un rato y entonces decía: «No he comido nada desde el desayuno. ¿Te importa si paramos en la panadería para comprar un bollo?»

Día tras día, se sentaban en la panadería y comían bollos en silencio. Al final, la hija empezó a hablar. Le contaba a su madre cómo le había ido el día. Más adelante empezó a contarle cosas sobre lo que estaba sucediendo en su vida en ese momento. Llevó casi un año, pero finalmente las cosas empezaron a ir mejor. Esta mujer tuvo que ceder un poco de control para conseguir confianza, pero valió la pena.

Muchos años después, la hija de la mujer se graduó en el instituto y se estaba preparando para marcharse a la universidad. Madre e hija se sentaron en el suelo de su habitación mientras hacían las maletas. La hija se topó con sus viejos diarios. Abrió uno de ellos y le leyó a su madre todas las cosas que le habían pasado durante aquel tiempo oscuro de su vida. Le confesó que incluso se había planteado suicidarse. Miró a su madre y le dijo: «Mamá, me alegro tanto de no haberlo hecho. Estoy muy contenta de que nos hiciéramos amigas».

Cuando intentamos conectar con adolescentes nos damos cuenta de que pueden levantar paredes que parecen tan impenetrables como las púas de un erizo. En lugar de usar guantes, debemos conectar con ellos y abordar al erizo directamente. En lugar de evitar la confrontación, debemos escuchar antes el llanto de nuestros hijos adolescentes. Encontrar el ladrillo suelto, aquello que los adolescentes quieren hacer o de lo que quieren hablar tanto que no les importará que estemos allí con ellos. Entonces escuchemos con cuidado, comuniquémonos abiertamente y sepamos estar allí para ellos. Se sorprenderá de lo que le dirán, de lo que pueden enseñarle y de cómo responderán incluso a los esfuerzos más torpes.

Invitaciones a la acción

¿Cómo puede escuchar y responder al llanto silencioso de su adolescente? ¿Cómo puede llegar a él o a ella? He aquí algunas cuestiones a considerar:

- Haga balance de su propia vida: ¿qué tipo de muros ha construido? ¿Cómo podría la gente haber visto más allá de esos muros?
- ¿Cuáles son las aficiones de su adolescente, sus cosas favoritas? ¿Cómo puede usted mostrar más interés en esas aficiones? ¿Cómo puede aprender también a valorar esas cosas favoritas?

Capítulo 2:

Derribando el muro

Jerrick recuerda una vez en la que se le encargó la tarea de demoler un muro de contención de un patio trasero. Se acercó a la pared armado con un mazo, pensando que aquello sería tarea fácil y que como mucho le llevaría un par de horas de trabajo. De lo que no se dio cuenta hasta que examinó la pared de cerca fue que aquel muro en concreto, en lugar de tener argamasa sobre cada hilera de ladrillos para poder soportar más hileras de ladrillos, tenía cemento sobre el centro de cada ladrillo junto con pedazos de barras de acero para darle aún más estabilidad. «Esto parece imposible», pensó Jerrick.

A medida que el día avanzaba y que el sol caía a plomo sobre su cuello enrojecido y quemado, Jerrick continuó dándole vueltas a aquel muro. Al final pudo encontrar un ladrillo suelto. Una vez extraído ese ladrillo, la estabilidad de todo el muro se vio en peligro y fue mucho más fácil tirar abajo el resto.

Cuando trabajamos con adolescentes que han construido un muro a su alrededor, lo primero que debemos hacer es ver más allá de la pared y luego encontrar ese ladrillo suelto:

el interés, el sueño, la afición o la habilidad que nos permitirá penetrar en ese muro reforzado con cemento y barras de acero. Una vez descubierto el ladrillo suelto, podemos tirar abajo los muros para conectar con los adolescentes y ayudarlos en su camino hacia la edad adulta.

La comunicación efectiva es la herramienta que nos ayudará a derribar del todo los muros que los chicos construyen a su alrededor. Quizás haya que dar muchas vueltas al muro antes de empezar, pero al final se vendrá abajo. Los tres elementos esenciales de la comunicación abierta son: amor, confianza y respeto.

Amor

Un adolescente nos dijo una vez: «Ojalá mi padre me abrazara más o me mostrara su afecto cuando algo va mal o cuando estoy teniendo un mal día. Solía hacerlo cuando yo era más pequeño, y me sentaba muy bien. No es que tenga dudas acerca del amor de mi padre, es solo que a veces necesito que me diga que se preocupa por mí, sin importar lo que yo esté haciendo. No siento mucho amor dentro de mí en este momento».

Quizás el motivo por el que algunos padres tienen dificultades para hablar con los adolescentes es el modo en el que nosotros, como padres, comunicamos nuestro amor. Muchas veces tendemos a adoptar un rol autoritario. Dictamos normas, pedimos responsabilidad, y entonces, finalmente, si el adolescente obedece y lleva un registro de cumplimiento lo suficientemente bueno, expresamos nuestra aprobación y nuestro amor. Esto debería ser al revés.

Nuestra preocupación y nuestro amor deben ser constantes e incondicionales, otorgados de entrada y sin condiciones ante lo bueno y lo malo, lo correcto o lo incorrecto, el éxito más brillante o el fracaso más estrepitoso. Sean cuales sean sus elecciones, los adolescentes necesitan nuestro amor libre de juicio. Este se convierte en la única base segura sobre la que se pueden construir expectativas y responsabilidad.

Un chico joven al fin reunió el coraje para hablar acerca de algunos errores pasados con su tío, en quien confiaba. Al final de la conversación el chico dijo: «Me siento avergonzado por confesarte todo esto. ¿Qué piensas de mí?»

Sin hacer ninguna pausa, su tío respondió: «Te quiero mucho por ello. No hay nada que puedas compartir conmigo que pueda hacer que te quiera menos». Desde ese momento el chico y su tío disfrutaron no solo de una comunicación abierta y continuada, sino también de una amistad mucho más profunda.

Brad asistió a una reunión de jóvenes en Arkansas donde los asistentes provenían de distintos lugares y nadie parecía conocer a nadie. Todo el mundo se sentía un poco incómodo e inseguro.

Se dio cuenta de que al fondo de la sala había un chico con manos en los extremos de sus hombros pero sin brazos. Todo el mundo pasaba por su lado sin mirarlo. Casi podías sentir lo que todos pensaban: «Mi madre me enseñó a no quedarme mirando a las personas diferentes». Aquel día, Brad aprendió que lo opuesto al amor no es el odio, sino la indiferencia. Incluso el odio reconoce que hay alguien ahí.

Se preguntó cómo iba a implicar a aquel chico. Al otro lado de la sala divisó a otro chico solo. Era fornido y era evidente que se sentía fuera de lugar. Brad pensó para sus adentros: «Esto es perfecto». Presentó a los dos chicos y dijo con firmeza: «Ahora, vosotros dos, haceos amigos».

Ellos no discutieron, solo dijeron: «Vale». Aquellos dos chicos permanecieron juntos durante todas las actividades y al final de la reunión se habían convertido en buenos amigos.

En el baile que se celebró al final, Brad estaba bailando en el centro de la pista cuando de repente notó que alguien le miraba fijamente. Se volvió, y tras de sí estaba el chico sin brazos. La música sonaba a todo volumen y muchos otros jóvenes bailaban a su alrededor, pero el chico no se movía. Finalmente dijo: «Señor Wilcox, mi amigo y yo queremos invitarle a nuestra fiesta de la pizza después del baile».

Brad sonrió y dijo: «Será un honor venir, podéis contar conmigo».

El chico miró a su colega, que estaba a un lado de la estancia, y levantó el pulgar en señal de éxito. Entonces volvió a mirar a Brad y añadió: «Señor Wilcox, necesitamos un teléfono para llamar y pedir la pizza».

Brad sonrió y le indicó dónde se encontraba su maletín, y añadió: «Ve a coger mi teléfono móvil y pide la pizza». Los dos chicos se marcharon con gran excitación y Brad volvió a concentrarse en su baile.

Alrededor de media hora después, volvió a notar que le miraban fijamente. Seguro que era el mismo chico. «Señor Wilcox, pedimos la pizza, como nos dijo», dudó. «Ahora necesitamos trece dólares para pagarla.»

«Pues ¡menuda fiesta de la pizza!», pensó Brad. «Me invitan y pago yo». Soltó una carcajada y le dijo al chico: «Ya sabes dónde está mi maletín. Ve y coge mi cartera. Coge de ahí los trece dólares».

Brad esperaba otra señal con el pulgar. En lugar de eso, el chico se quedó allí de pie mirándolo, con los ojos llenos de lágrimas. Solo pudo decir: «¿De verdad? ¿Haría eso por mí?».

Brad lo atrajo hacia sí y lo abrazó. Entonces miró a su nuevo amigo directamente a los ojos y le dijo: «Escucha, tú vales muchísimo más para mí que trece dólares».

El amor incondicional y la preocupación por ellos lo significan todo para los jóvenes. (Por cierto, Brad contó una vez esta historia en otra conferencia para jóvenes. Al terminar, algunos chicos del grupo se acercaron y dijeron: «Señor Wilcox, ¡queremos invitarle a nuestra fiesta del filete y la langosta!»)

Sentimos amor a menudo, pero lo expresamos rara vez. El amor debe hacerse visible a través de acciones y de palabras. Una joven escribió una carta en la que hablaba acerca de pelearse con su madre y acabar haciendo las paces. «Me pregunté qué podía decir para hacer las paces con mi madre», decía, «pero no tuve que pensarlo demasiado porque el domingo mi madre me abrazó y me dijo: "Te quiero". Y supongo que en ese momento nuestros corazones podían sentir el dolor de la otra. En ese momento supimos que nos habíamos perdonado».

El tacto es una de las maneras más importantes que tenemos para expresar amor. A diferencia de muchos adultos, la mayor parte de los niños agradecen e incluso buscan el tacto. Los expertos afirman que es una necesidad real para los niños, tan esencial como su necesidad de comida o de agua. Pero como adultos tratamos de convencernos a nosotros mismos de lo contrario diciendo: «Ese ya no soy yo. Ser un *tocón sentimental* no es mi estilo». Aun así, los expertos dicen que, incluso para los adultos, tocar es una herramienta básica de comunicación, seamos conscientes de ello o no. Nunca dejamos atrás nuestra necesidad de sentir —de sentir literalmente— amor.

Jerrick recuerda cierta vez en que se estaba preparando para dejar su casa y mudarse a otro estado. Sus padres estaban entusiasmados por él, pero también un poco nerviosos, como muchos padres lo estarían cuando un hijo se va de casa. Justo antes de que se marchara, Jerrick y su madre hablaron acerca de algunos de los miedos que asaltaban a Jerrick respecto a su marcha. Después de la charla, la madre de Jerrick se acercó y le dio un buen apretón de manos. No hubo palabras entre los dos, pero a través de aquel gesto tierno Jerrick sintió y comprendió que su madre le entendía, se preocupaba por él y le quería mucho.

Una vez Brad tuvo la oportunidad de visitar a los presos de una prisión de máxima seguridad. Charló con un hombre que fue conducido hasta la estancia donde tuvo lugar la charla; este llevaba los tobillos, las manos y las muñecas encadenados. Brad, que conocía el pasado de ese hombre y también a su familia, le saludó con un gran abrazo. El hombre empezó a llorar y dijo bajito: «¡Es el primer abrazo que alguien me da en tres años!»

Los amigos de Brad siempre le toman el pelo diciéndole que su lema debería ser: «Si se mueve, ¡abrázalo!» Somos muy conscientes de las precauciones y las normas de las interacciones personales y profesionales. Entendemos la preocupación por lo apropiado. A pesar de ello, muchos jóvenes, altos y bajos, se han aferrado a Brad y le han abrazado hasta dejarlo casi sin respiración. Brad ha sido testigo de cómo los chicos hacían cola porque estaban hambrientos del reconocimiento y la aceptación que contiene un simple abrazo. Ha abrazado a adolescentes como si fueran niños pequeños y los ha mecido entre sus brazos mientras sollozaban sobre su hombro. Jerrick ha vivido momentos en los que las palabras no eran necesarias gracias a los sentimientos que expresaba un simple abrazo dado a un miembro de la familia que se sentía desanimado o a un amigo con problemas. Ha visto de primera mano cómo un abrazo puede comunicar gratitud a un pariente que nos ha ayudado, amor a un adulto entristecido o consuelo a un niño herido. Es necesario respetar el espacio personal, pero a veces hay necesidades más importantes que también deben ser cumplidas.

Después de recibir un abrazo de Brad que necesitaba mucho, un chico escribió: «Excepto en una ocasión con mi padre, nunca antes había abrazado a un hombre, ni siquiera a mis hermanos. Gracias. El abrazo me hizo brillar durante varios días». Una chica escribió: «Nadie me había abrazado en toda mi vida. Siempre quise un abrazo. Oh, ¡cuánto lo deseaba! Pero le pido disculpas, porque cuando le abracé ni siquiera sabía dónde poner mis brazos o qué hacer. ¡Es que nunca antes lo había hecho!»

Esos jóvenes estaban privados de algo que no tiene nada que ver con la pasión o con el sexo. Estaban privados de la validación y la afirmación que provienen del tacto. Recuerda, no estás haciendo ninguna insinuación sexual por el hecho de abrazar a alguien. Estás haciendo una declaración de amor y de preocupación humana. En Escandinavia, la palabra nórdica «*hugga*» significa «consolar, tener cerca o consolar». Mientras abrazamos a alguien, incluyendo (quizás especialmente) a nuestro hijo adolescente, podemos darle algo que necesita con desesperación: consuelo y un sentido de pertenencia.

Otra expresión esencial del amor incluye, en efecto, decir «te quiero». Una chica escribió: «Creo que mi madre no me quiere porque en dieciséis años nunca he oído salir de su boca un "te quiero". Yo le digo: "Te quiero, mamá". Y ella me responde: "Lo sé". ¿Es normal?»

Jerrick proviene de una gran familia, pero, mientras sus hermanos y él eran niños, sus padres se aseguraron de decir a cada uno de sus hijos, de forma individual, que le querían. Además, eran conscientes de que cada niño respondía al afecto de un modo diferente. A las hermanas de Jerrick les encantaba que sus padres les leyeran cuentos antes de ir a dormir, así que lo hacían. Jerrick, por su parte, prefería leerse sus propios cuentos. En cambio, le gustaba que sus padres le apoyaran acudiendo a los eventos deportivos en los que participaba, como los partidos de voleibol o de baloncesto. Para mostrarle su amor, sus padres pasaban tiempo animándole en los partidos y los torneos.

Leer cuentos y acudir a eventos deportivos eran la manera en que los padres de Jerrick comunicaban amor a sus hijos de forma individual, pero también se ocupaban de que hubiera momentos en los que pronunciaban las palabras «te quiero». Los padres de Jerrick se aseguraban de decir a cada uno de sus hijos que los querían, y les daban abrazos y besos de buenas noches, incluso aunque Jerrick y alguno de sus hermanos pensaran que ya eran demasiado mayores para eso. Volviendo la vista atrás, Jerrick atesora estos recuerdos porque las palabras «te quiero» otorgaron un poder adicional a las acciones de amor de sus padres.

La Madre Teresa, una mujer respetada en todo el mundo por su trabajo con los pobres de Calcuta, recibió el Premio Nobel de la Paz en 1979. Durante su discurso de aceptación del premio dijo: «Primero quiero que encontréis a los pobres aquí mismo, en vuestra propia casa. Y empezad a amar ahí». No se nos ocurre un lugar mejor para empezar.

«Te quiero. Estoy orgulloso de ti. Te he echado de menos. Qué suerte tengo de tenerte.» Estas palabras son mucho más importantes de lo que parece y son la vía directa para tener una comunicación abierta con nuestros adolescentes.

Confianza

La confianza también es importante en la comunicación. Un padre preguntó una vez: «¿Cómo puedo confiar en mi hijo? No es de fiar en absoluto». Lo cierto es que no podemos elegir. No podemos seguir a nuestros hijos por todas partes durante el resto de su vida. Incluso nosotros, como adultos, ¿somos siempre dignos de confianza? Quizá deberíamos centrarnos en el potencial de nuestros hijos y no en los problemas que tengan actualmente. Nuestros hijos necesitan que les transmitamos mensajes de confianza. Debemos encontrar la manera de darles la libertad suficiente para crecer y los límites necesarios para proveerles de seguridad.

Las relaciones de confianza pueden establecerse compartiendo confidencias. Durante los fines de semana mientras Jerrick todavía iba al instituto, sus padres y él se quedaban despiertos hasta tarde y hablaban de todo, desde deportes a política. A menudo aquellas conversaciones se volvían personales cuando Jerrick compartía con sus padres sus problemas de baja autoestima, sus clases en el colegio y la presión del grupo. Sus padres nunca les explicaron aquellas conversaciones personales a otras personas, ni siquiera a los hermanos de Jerrick. Gracias a la seguridad que Jerrick tenía en la capacidad de sus padres para guardar sus secretos, confiaba aún más en ellos y les contaba confidencias todo el tiempo.

Otra forma de ganarse la confianza es felicitar a la gente joven. Demasiado a menudo, cuando somos excesivamente críticos o sarcásticos con comentarios como «esta cocina todavía está sucia», «¿alguna vez sacarás algo más que un "bien"?» o «no lo conseguirás ni en broma», los padres cometemos la torpeza de cerrar las puertas de comunicación en las que queremos que nuestros hijos entren. Los niños pueden encajar un desprecio, pero a nadie le gustan los insultos. Puede que se rían y nos sigan la corriente, pero, en el fondo, les hieren. Los niños recuerdan y repiten esos comentarios hirientes durante años. Por el contrario, los elogios pueden abrir las puertas de la comunicación.

Jerrick recuerda a un profesor de inglés que tuvo en el instituto, el señor Parker, que era buenísimo ofreciendo alabanzas. Cada redacción que Jerrick escribió en sus clases fue cuidadosamente corregida, pero, junto a las críticas, había también muchos comentarios positivos. Aunque en las notas a la redacción se podían leer cosas como: «Considera revisar el orden de las palabras» o: «Vigila la concordancia entre sujeto y predicado», también eran generosos en la alabanza: «Me encanta esta aliteración», «fantástica elección de palabras» o «excelente transición entre frases». Gracias a aquellas sinceras felicitaciones, Jerrick sentía que podía confiar en su profesor, y a menudo se dirigía a él en busca de consejos acerca de la escritura o acerca de la vida.

La gente joven valora que nos demos cuenta de las cosas buenas que tienen y las mencionemos con sinceridad. Superlativos como «el más inteligente», «el más maravilloso» o «el mejor» quizá sean excesivos, pero recuerde: las alabanzas expresadas a menudo son la semilla de los sueños cumplidos. Hablemos el lenguaje de la posibilidad y la esperanza.

Destruimos la confianza cuando nos mostramos cínicos o maleducados. A pesar de lo que nos hayan hecho creer los guionistas de las comedias de televisión, los comentarios cortantes no son tan divertidos e ingeniosos como hirientes y mezquinos. Cuando criticamos a cualquier persona, no solo la alienamos, sino que enviamos una señal a los demás que deja claro que algún día les tocará a ellos. Las palabras amables ofrecen seguridad en el temible mundo de los adolescentes.

Cuando era adolescente, Brad se sentía cohibido cuando tenía que hablar en público. Un día le llamaron sin avisar para hablar frente a un grupo numeroso. Cuando acabó, estaba seguro de que había dado la sensación de ser un completo idiota. Entonces le pasaron una nota desde la misma fila en la que estaba sentado. Brad imaginó que provenía de algún otro chico que le decía lo estúpido que había sonado. En lugar de ello, se trataba del señor Allen, uno de sus profesores. La nota decía: «Buen trabajo. Estoy muy orgulloso de ti». Las palabras del señor Allen no podían haber sido más bienvenidas. Animaron a Brad mucho más de lo que el profesor Allen se podía imaginar. Brad llevó aquella nota en su cartera hasta que acabó muy manoseada.

Un profesor de instituto aprendió a través de muchos años de experiencia el valor de felicitar a sus estudiantes. Cada año prestaba atención a los alumnos que provenían de situaciones familiares muy difíciles: algunos no tenían casa o bien eran huérfanos o procedían de entornos en los que se producían abusos. Aquel profesor siempre felicitaba a sus alumnos cuando lo hacían bien, pero se esforzaba aún más en alabar a los estudiantes que necesitaban más apoyo. Se dio cuenta de que, a menudo, aquellos estudiantes empezaban la clase o bien con una actitud muy tímida o bien boicoteándola. A pesar de ocuparse de que pagaran las consecuencias por su mal comportamiento, las alabanzas que dedicaba a aquellos estudiantes acababan por crear un sentimiento de confianza entre aquel profesor y los alumnos.

Hubo una ocasión en la que una de sus estudiantes, que normalmente prestaba mucha atención, se quedó dormida durante una clase. El profesor no la puso en evidencia ni la llamó al orden. Después de la clase se le acercó y le preguntó de tú a tú por qué estaba tan cansada. «Anoche mi padre no regresó a casa hasta muy tarde, así que tuve que cuidar de mis hermanos», dijo la alumna. El resto de la conversación que mantuvieron reveló que la madre de la chica había abandonado a la familia durante el verano, y el profesor ayudó a dirigir a la chica hacia los servicios sociales que necesitaba de manera urgente. «Si primero no hubiera creado una relación de confianza con mi alumna a través de unas simples alabanzas», explicó, «dudo seriamente que ella se hubiera abierto a mí de esa manera. Si le hubiera tomado el pelo o la hubiera humillado por quedarse dormida en clase nunca hubiera compartido conmigo sus problemas con tanta honestidad».

Respeto

Mostrar respeto por la gente joven permite una comunicación abierta. En una ocasión, una mujer y su marido fueron interpelados por una persona influyente de su comunidad, quien les preguntó si, ya que tenían una casa espaciosa, les importaría albergar una comida en honor de un conferenciante invitado, un famoso escritor que venía de dar una conferencia multitudinaria. La pareja aceptó encantada.

La mujer explicó cómo ella y su marido habían planificado el menú, habían limpiado toda la casa y habían dispuesto su mejor vajilla. Después de todo, un escritor famoso iba a visitar su casa, y querían mostrarle el respeto que correspondía.

Durante la mañana de la anunciada conferencia, se encontraban dando los últimos toques para la celebración. Su hijo adolescente bajó a desayunar, se comió unos cereales y luego, sabiendo que se trataba de un día especial, lo recogió todo. Incluso lavó el bol que había utilizado, pero lo dejó en el fregadero.

La mujer explicó: «Cuando fui a la cocina y vi el bol en el fregadero, exploté. Le grité a mi hijo y le eché una bronca de la que no se iba a olvidar». El bol fue debidamente guardado. La familia se marchó para asistir a la conferencia.

Durante toda la charla la madre no dejó de mirar a su hijo, que se sentaba varios sitios más allá. Sabía que había reaccionado de forma exagerada y se sentía culpable: «Me di cuenta de que, mientras intentaba mostrar respeto al conferenciante que iba a visitar mi casa más tarde aquel día, había fallado a la hora de mostrarlo al chico que vive allí todos los días. ¿No merecía mi hijo el mismo respeto que estaba desplegando hacia aquella persona desconocida?».

A través de los asientos en los que se sentaban sus hijos más pequeños, le tocó a su hijo en el hombro, y le susurró: «Lo siento. Te pido perdón».

La calidad de la comunicación con nuestros hijos mejorará proporcionalmente al respeto que les mostremos mientras caminamos juntos. Una de las formas más obvias de mostrar respeto es escuchando. De hecho, por lo general deberíamos escuchar un poco más y hablar menos.

La escucha efectiva requiere tiempo, intención y una suspensión temporal de todo tipo de juicio y consejos. Cuando los adolescentes se muestran disgustados o desanimados, no necesitan tanto soluciones a sus problemas como cajas de resonancia de comprensión. Las respuestas adecuadas a menudo son evidentes.

Quizás ahora mismo esté pensando: «Entonces, ¿se supone que tengo que quedarme ahí sentado con la boca cerrada?». La respuesta es «sí». El silencio puede ser una potente señal de aceptación y respeto. Siéntese delante del adolescente, mantenga el contacto visual con él y asienta de vez en cuando para mostrarle interés. Pero permanezca en silencio, y se maravillará de la calidad y la cantidad de cosas que le contará.

A veces, otra forma de respuesta de escucha efectiva es parafrasear con nuestras propias palabras los mensajes que escuchamos. Esto demuestra que comprendemos lo que el adolescente quiere decir. Podemos decir también cosas como: «Ya veo» o: «Comprendo», comentarios que muestran que nos sentimos cercanos a lo que el adolescente siente.

Si un escritor o un conferenciante famoso viniera a nuestra casa, ¿nos pondríamos a ver la tele o a doblar ropa mientras él o ella intentara hablarnos? ¿Le interrumpiríamos o le corregiríamos cuando hablara? Mostrar el respeto adecuado por los adolescentes mejorará nuestra comunicación y nuestra relación con ellos.

Al final, los muros de los adolescentes acabarán por venirse abajo. Un profesor llegó a la escuela y se encontró con que sus estudiantes le habían decorado la oficina. Para él, aquello fue mucho mejor que un aumento de sueldo. Un padre se encontró una tarjeta que su hijo le había dejado sobre la almohada, un regalo que, para él, no tenía precio. Días después de que Jerrick hubiera dado una clase como profesor sustituto, uno de los alumnos le reconoció y se le acercó para decirle lo mucho que le gustaba su forma de enseñar. ¿Quién le da las gracias a un profesor suplente? Jerrick estaba emocionadísimo. Todos los padres pueden vivir experiencias parecidas.

Como los erizos son animales nocturnos, confían en su olfato más que en su vista para distinguir a un amigo de un enemigo. Cuando utilizamos guantes, nuestro olor distintivo se camufla, pero si en cambio nos los quitamos el erizo podrá reconocernos. Del mismo modo, cuando nosotros, los padres, «nos quitamos los guantes» y mostramos a los adolescentes —de forma verdadera y genuina— que les queremos, que confiamos en ellos y que les respetamos, los adolescentes reconocerán y se abrirán a esa apertura y sinceridad. Si usamos a menudo las tres expresiones «te quiero», «confío en ti» y «te respeto», existirá una comunicación efectiva con los adolescentes. Los muros caerán. Si queremos amor, confianza y respeto de los adolescentes, primero debemos dárselos, y luego volvérselos a dar una y otra vez. Puede que no suceda en un primer momento, pero con esfuerzo constante nos ganaremos su amor, su confianza y su respeto.

Invitaciones a la acción

¿Cómo derribar los muros que obstaculizan nuestra conexión con los adolescentes? Aquí están las claves que nos pueden ayudar:

- ¿Cómo responde su hijo adolescente al modo en que le demuestra su amor? ¿Existen otras formas en que usted podría demostrar su amor?
- Piense en personas en quienes confía. ¿Cómo llegó hasta ese estadio de confianza con ellas? ¿Cómo puede generar más confianza en la relación con su hijo adolescente?
- ¿Cómo muestra a su adolescente que le respeta? ¿Cómo puede involucrarse para escucharle?

Capítulo 3:

Disfrute de las conversaciones a la hora de la cena

¿Cuál ha sido la mejor cena de su vida? ¿Fue durante una boda, en una cena de empresa o en un evento familiar? ¿Tuvo lugar en un restaurante de moda en lo alto de un rascacielos con vistas a su ciudad favorita? ¿Fue en un viejo restaurante familiar con serrín en el suelo y un servicio insuperable? ¿O fue en su propia casa, con un pavo de Acción de Gracias perfectamente cocinado situado en el centro de la mesa y rodeado de toda su familia?

Sin importar cuál fuera su cena favorita, no fue la comida lo que la hizo memorable. Puede que fuera el lugar, puede que fuera de qué humor se encontraba o puede que fuera el servicio. Aunque lo más probable es que se tratara de la compañía. Puede que hayamos olvidado cuál fue el plato principal, pero siempre recordaremos las magníficas conversaciones que mantuvimos mientras comíamos. Una de las mejores formas de conectar con los adolescentes es pasar tiempo con ellos, y la hora de las comidas es un estupendo momento para empezar.

Cualquiera que haya tenido que tratar en alguna ocasión con adolescentes sabe que les encanta comer. Nosotros conocemos a una pareja que tiene cinco hijos. Cuando esos niños se convirtieron en adolescentes, la pareja tuvo que comprar un frigorífico adicional para seguir el ritmo de la demanda de los chicos. A pesar de ello, los adolescentes no necesitan tanto buena comida como buena compañía. Los adolescentes necesitan una buena ración de conversación familiar que acompañe a su comida.

Un estudio de 2007 realizado por el Centro Nacional de Adicciones y Abuso de Sustancias de la Universidad de Columbia descubrió relaciones significativas con las cenas familiares:

Comparados con los adolescentes que cenaban con frecuencia con sus familias (cinco o más veces por semana), aquellos que lo hacían menos (menos de tres por semana) tenían:

- tres veces y media más probabilidades de haber abusado de los medicamentos.
- tres veces y media más probabilidades de haber consumido una droga ilegal distinta del cannabis o los medicamentos.
- tres veces más probabilidades de haber fumado marihuana.
- dos veces y media más probabilidades de haber consumido tabaco.

- una vez y media más probabilidades de haber consumido alcohol*.

Estas estadísticas pueden ser terribles, pero es que, además, el estudio también descubrió que, entre los adolescentes que sacaban excelentes y notables en clase, el 64 % cenaba en familia entre cinco y siete veces por semana. Esforzarse por cenar en familia vale la pena sin duda, pero a veces puede ser difícil en el mundo ajetreado en el que vivimos.

Los padres a menudo damos por hecho que, como los adolescentes a menudo se quejan y protestan por tener que cenar con la familia, no deben de querer hacerlo. Esa es una confusión muy habitual. Cuando se les preguntó si querían cenar en familia, «el 84 % de los adolescentes encuestados afirmó que lo prefería, frente al 13 % que dijeron que preferían cenar solos»**. Aunque los actos de los adolescentes puedan sugerir lo contrario, debemos ver más allá de dichos actos y darnos cuenta de que los adolescentes necesitan y desean las conversaciones que tienen lugar durante la cena. Así que podemos esforzarnos al máximo por convertir la hora de la cena en un tiempo en familia. Cuando las familias se reúnen alrededor de la mesa, conectan gracias a las conversaciones que comparten. Hemos recopilado algunas sugerencias para ayudar a los padres a aprovechar al máximo ese tiempo con los adolescentes. Si los padres hacen de

---

* «The Importance of Family Dinners IV» (La importancia de las cenas en familia IV). Centro Nacional de Adicciones y Abuso de Sustancias de la Universidad de Columbia (Nueva York: CASA Columbia, septiembre de 2007), i.

** «La importancia de las cenas en familia IV», 2.

ese momento una prioridad, dividen responsabilidades y tareas, limitan el uso de la tecnología y le dan a cada uno su
oportunidad para compartir con los demás, pueden convertir cada cena en una gran cena, no solo por lo placentero de
la comida, sino por las conversaciones reveladoras que tengan lugar en ellas.

Convertir en prioridad las cenas en familia

Conocemos a una madre soltera que tiene tres hijos adolescentes viviendo en casa. Un día normal comienza para ella
cuando se despierta a las cinco y media para preparar el desayuno de los chicos, que empiezan pronto las clases. Los chavales se levantan y desayunan cerca de las seis. Mientras tanto, su madre les prepara la comida. Los deja en la escuela a
tiempo para su clase de las siete, y entonces se apresura para
volver a casa y prepararse para ir a trabajar. Trabaja de ocho
a cinco, y a las cinco vuelve al colegio para recoger a los adolescentes de sus entrenamientos deportivos. Vuelven juntos a
casa y los chicos se preparan deprisa para ir a sus clases de
piano, kárate o a las reuniones de los Boy Scouts, actividades
que empiezan cada una a una hora diferente. La madre se
convierte en chófer, llevando a cada uno de los adolescentes
de un sitio a otro hasta cerca de las ocho de la tarde. Durante
las breves pausas entre actividades, la madre prepara algo
para cenar. Recoge a todos los adolescentes, y uno a uno van
regresando a casa y devoran su ración de cena. Para entonces
ya son cerca de las nueve y ¡esa madre está exhausta!

Y no es la única. Esta misma agenda se da en muchas familias diferentes. Sencillamente, las familias tienen tanto que atender durante el día que son afortunadas si les queda algo de tiempo para preparar la cena, no hablemos ya de disfrutarla juntos. Para la mayoría de las familias, comer juntos se convierte en una ocasión especial reservada para algunos domingos, las vacaciones o quizás alguna barbacoa durante el verano.

Todas esas actividades extraescolares, los eventos deportivos, las clases de danza y las prácticas de música, son beneficiosas para el desarrollo de los adolescentes. Sin embargo, esas actividades beneficiosas a veces desplazan a otras actividades importantes y necesarias tales como las cenas en familia. Con el fin de crear espacio para las cenas en familia, puede que las familias necesiten reorganizar sus agendas y darles cabida como prioridad.

Nosotros hemos descubierto que establecer un horario regular ayuda. Puede que la hora de la cena sea a las ocho de la tarde o a las diez de la noche, pero lo importante es que estemos juntos.

Mientras la familia se esfuerza por adaptarse a esta nueva prioridad, no se desanime. Todos necesitarán un tiempo para reajustar sus agendas. Establezca objetivos pequeños y asumibles que le ayuden a alcanzar el gran objetivo de cenar juntos al menos cinco veces por semana. Por ejemplo, su familia podría empezar con el objetivo de cenar en familia todos los fines de semana a la misma hora. Una vez conseguido este objetivo de forma regular, puede avanzar y plantear el siguiente objetivo: cenar en familia durante unos cuantos días laborables a la semana. Más pronto que tarde se encontrarán disfrutando mutuamente de su compañía al menos cinco veces por semana y experimentando los beneficios de celebrar la cena en familia con regularidad. Dichos beneficios son incluso más importantes que los que se obtienen con el kárate o en las reuniones de los Boy Scouts.

Establecer un horario de cenas regular no solo beneficiará a sus hijos adolescentes ahora, sino que también les reportará beneficios en el futuro. Crear este hábito en las vidas de los adolescentes ahora hará que les resulte más fácil hacer lo mismo cuando a su vez tengan hijos.

Divida tareas y responsabilidades

Una manera de asegurarse de que las cenas en familia tienen lugar cada día es dividir entre todos sus miembros las responsabilidades y las tareas relacionadas con la preparación de la comida. En muchas familias son las madres quienes toman la delantera a la hora de preparar la cena cada noche. Las madres son maravillosas y parecen tener una fortaleza y una resistencia sobrehumanas, pero incluso ellas necesitan ayuda. Preparar la cena sin ayuda noche tras noche puede ocasionar un estrés innecesario a esas madres. Por suerte, cada miembro de la familia, especialmente los adolescentes, puede ser de ayuda. La cena no tiene por qué ser solo responsabilidad de mamá.

Cuando Jerrick vivía en casa de su familia, todos estaban muy ocupados. Él jugaba a voleibol, sus tres hermanas acudían a clases de danza, una de ellas aprendía submarinismo, otro hermano jugaba a baloncesto, el otro, a fútbol, todos daban clases de música y la hermana pequeña tenía pensado

hacer cada una de las cosas que sus hermanos mayores hacían. Incluso con todas esas actividades que realizaban, la
madre de Jerrick era capaz de involucrar a todos sus hijos en
la preparación de la cena. Los chicos hacían turnos para ayudar a mamá siempre que estaban disponibles. Algunos de los
chavales eran los encargados de poner la mesa, y otros, de
ayudar a papá a recoger después de cenar. Algunas semanas
el sistema funcionada perfectamente. Otras semanas no parecía funcionar tan bien. Sin embargo, de manera sistemática, la familia trataba de ayudar de la forma que fuera para
que la cena estuviera servida y poder pasar unos minutos
juntos en medio de aquel caos.

Puede que Jerrick protestara entonces por tener que hacer la cena, pero ahora se siente muy agradecido de que su
madre le enseñara a cocinar unos cuantos platos. Está seguro de que el hecho de que cocinara fue lo primero que atrajo
a su mujer. Puede que se quejara por tener que fregar los
platos después de cenar, pero ahora se siente agradecido
porque sabe cómo limpiar bien la cocina. Jerrick recuerda
muchas ocasiones en las que estaba limpiando con su padre
y empezaban a charlar. Aquellas conversaciones a menudo
continuaban durante largo rato aun después de que los platos estuvieran limpios y la encimera recogida.

Cuando asigne responsabilidades relacionadas con la
cena a sus hijos, participe activamente junto a ellos mientras tratan de cumplir con sus tareas. Los jóvenes aprenderán habilidades muy útiles para sus vidas mientras preparan
la cena, y las conversaciones que tendrá con ellos mientras
cocinan o limpian serán tan valiosas como las que tendrán
mientras cenan juntos.

Limite el uso de la tecnología

Usar la tecnología puede ser una forma estupenda para los padres de conectar con los adolescentes. La mayoría de los chicos usan Facebook, Twitter o Pinterest a diario, de modo que los padres pueden saber muchas cosas acerca de sus hijos si se hacen sus amigos en Facebook, les siguen en Twitter o si *pinean* algo en su tablero de Pinterest.

La mayor parte de los adolescentes tienen teléfonos móviles; los padres pueden comunicarse con ellos aprendiendo su lenguaje digital y enviándoles unos cuantos mensajes de texto o bien mandando algún Snapchat. Pero, a pesar de que las ventajas de la tecnología son muchas, todavía no pueden reemplazar a la vieja comunicación cara a cara.

Los mensajes de texto solo reproducen palabras, comunicación verbal, en una pantalla con el fin de que otra persona las lea. Sin embargo, de acuerdo con un estudio de Albert Mehrabian, la comunicación verbal supone solo el 7 % de lo que se comunica cuando hablamos, mientras que el 93 % se infiere a través de la comunicación no verbal*. Aunque podríamos discutir acerca estas cifras en la actualidad, podemos decir con seguridad que gran parte de lo que decimos no sale solo de nuestra boca, y que para entender a los adolescentes y conectar con ellos debemos obtener el mensaje completo.

---

* Albert Mehrabian y Susan R. Ferris: «Inference of Attitudes from Nonverbal Communication in Two Channels» (Inferencia de las actitudes de la comunicación no verbal en dos canales). *Journal of Consulting Psychology* 31 (1967): 252.

Jerrick recuerda una familia en la que se fijó una vez en un restaurante. Cada uno de sus miembros estaba utilizando algún tipo de dispositivo electrónico. Qué triste le pareció ver cómo esa familia perdía una oportunidad tan buena de conectar entre ellos allí mismo por culpa de estar conectando digitalmente con gente ahí afuera.

Brad recuerda una ocasión en que alojó a un joven de otro estado que había acudido a una conferencia en la universidad donde él daba clase. El adolescente se quedó en casa de la familia Wilcox y se mostró muy sorprendido cuando vio que la familia se reunía para cenar y no encendía la televisión. «¿Qué hacéis durante la cena?», preguntó. «Conversamos. Charlamos. Nos contamos qué tal ha ido el día», contestó Brad. El joven exclamó: «¡Oh! Es asombroso. En mi casa solíamos ver la televisión juntos, pero entonces empezamos a pelearnos por qué programa ver, así que ahora solemos llenarnos los platos y nos vamos a ver televisión cada uno a su cuarto». Al chico le gustaba más cenar con los Wilcox.

Cuando se trata de cocinar, la tecnología ayuda, y debería usarla. Busque nuevas recetas o consejos para ahorrar tiempo. Pero, cuando llegue el momento de comer, limite el uso de la tecnología. Haga que todos los miembros de la familia, padres incluidos, dejen sus aparatos electrónicos fuera de la mesa durante la cena. No conteste llamadas telefónicas a menos que sean emergencias. Establezca como norma que no se envíen mensajes de texto en la mesa. Apague la televisión y encienda la comunicación familiar.

Dé a todos la oportunidad de compartir

Después de que la comida esté preparada, los teléfonos se hayan guardado y la televisión se haya apagado, ¡la cena está servida! Hasta parece que la comida sabe mejor porque todos han echado una mano para prepararla (aunque asegúrese de que nadie ha echado mano a la comida). Pero una cena no está completa sin un ingrediente final: la comunicación.

Cuando se pregunta a los adolescentes cuándo preferirían hablar con sus padres acerca de algo importante para ellos, «casi la mitad (el 47 %) está de acuerdo en que la cena o después de la cena es el mejor momento»*. Un estómago lleno nos hace felices y estimula la conversación. Por ello es importante darle a todo el mundo la oportunidad de compartir durante las conversaciones que tienen lugar a la hora de la cena. Los adolescentes son todos distintos. Algunos pueden parecer callados en comparación con sus hermanos, mientras que a otros quizá les guste hablar y sin querer eclipsen a otras voces. Pero los padres deben asegurarse de que a todos les llegue su turno en la conversación, porque todos tienen algo que decir.

A menudo, los adolescentes tímidos tan solo necesitan una oportunidad para hablar, y, una vez la tienen, ¡les resulta difícil parar! Hemos descubierto algunas formas sencillas de que los padres estimulen la conversación durante la cena.

---

* «The Importance of Family Dinners IV» (La importancia de las cenas en familia), 11.

Un modo genial de encontrar temas de conversación es preguntar a todos los miembros de la familia cómo les ha ido el día. Compartir la jornada entre padres e hijos une a la familia. Deje que la conversación continúe y fluya libremente. No intente llevar la conversación hacia el objetivo que desee. Tan solo escuche a su hijo adolescente, déjele compartir sus pensamientos y responda a sus necesidades a medida que las vaya descubriendo. Si eso no funciona, he aquí unos cuantos trucos para iniciar la conversación que no fallan:

- Comparta algo que le ha sucedido a algún miembro de la familia: la graduación de un primo o la boda de un tío.
- Vaya de persona en persona por toda la mesa y haga que cada uno responda una pregunta con «cuál». Por ejemplo: «¿Si te hubieras caído dentro de tu alimento favorito y solo pudieras escapar de él comiéndotelo, cuál sería ese alimento?» O: «Si pudieras escoger un superpoder, ¿cuál sería?» O bien: «Si pudieras pedir cualquier deseo, ¿cuál pedirías?».
- Los debates amistosos involucran a todo el mundo. Evite la política si es motivo de peleas. Decántese por temas como: ¿preferís el mar o la montaña? ¿Preferís ir de camping o de hotel? ¿Preferís el cine o el teatro?
- Comparta recuerdos. Todos podrán hablar acerca de un buen recuerdo de un profesor, de unas vacaciones en familia o de la antigua casa en la que vivían.

A veces un erizo no se acercará a sus manos para olfatearlas. Cuando eso sucede, una buena idea es ponerse un poco de comida deliciosa en la punta de los dedos para estimular al erizo a que se acerque. No somos defensores del chantaje como herramienta efectiva de comunicación con los adolescentes, pero un poco de comida rica a la hora de cenar puede estimular la conversación. Cuando, como padres, convertimos la hora de la cena en una prioridad, dividimos responsabilidades y tareas, limitamos el uso de la tecnología y damos a cada uno la oportunidad de compartir, podemos animar con ello a nuestros adolescentes a que se abran y se comuniquen. La comunicación entre padres e hijos a la hora de la cena puede servir para construir confianza y familiaridad entre todos, de la misma manera que una golosina puede aumentar la confianza entre usted y un erizo. Es una forma maravillosa de conectar.

Invitaciones a la acción

¿Cómo crear conversaciones significativas con un adolescente? He aquí algunas sugerencias que pueden marcar la diferencia:

- Reúna a la familia y hablen acerca de cuál es la mejor hora para cenar juntos todas las semanas. ¿Cómo beneficiarán a su hijo las cenas en familia con regularidad?
- ¿Qué responsabilidades puede asignar al adolescente para las cenas de esta semana? ¿Cómo le beneficiarán dichas responsabilidades?

- ¿Qué habilidades de comunicación pueden desarrollar los adolescentes mientras hablan y escuchan durante la cena? ¿Cómo puede ayudarles a desarrollar dichas habilidades?
- Piense acerca de los datos que hemos presentado en este capítulo. ¿Por qué cree que las cenas en familia tienen un impacto tan grande en la vida de un adolescente? ¿Qué efectos ha observado o espera observar en su propia casa a medida que implementa la hora de la cena familiar?

Capítulo 4:

Ponga límites

Una vez, Brad tuvo la siguiente conversación con un adolescente conocido:

—Ojalá pudiera hablar con mis padres acerca del tipo que se me acercó y me ofreció drogas —se lamentaba el chico.

—¿Alguna vez has intentado hablar con ellos de ese tipo de cosas? —le preguntó Brad.

—Solo una o dos veces, pero nada comparado con la cantidad de veces que me han sucedido.

—¿Qué te frena a la hora de decirles a tus padres lo que ocurre de verdad en la escuela?

—No lo sé. Me da miedo que se pongan histéricos y se cabreen conmigo.

Después de que el chico le explicara otras experiencias en las que se había sentido incómodo hablando con sus padres, Brad finalmente preguntó: «¿Qué podrían hacer tus padres para que te sintieras más cómodo hablando con ellos?». El chico respondió: «Supongo que es la actitud. Deben escuchar y tratar de comprender. Podrían hablar conmigo a solas en lugar de hacerlo cuando hay otras personas delante».

Comunicarse con adolescentes es como tocar el piano. No importa cuántas veces nos enseñen cómo se toca una canción. Si queremos tocar, tendremos que poner las manos sobre las teclas e intentarlo. Podemos practicar y prepararnos, pero aun así habrá muchos momentos durante el concierto en los que se nos quede la mente en blanco. Pueden decirnos una y otra vez cómo comunicarnos con los chavales, pero cuando nuestro hijo destroza el coche familiar toda esa preparación se va por la ventana. De repente todo estalla y gritamos: «Pero ¿a ti qué pasa? ¿Por qué lo has hecho? ¿Cuándo vas a aprender a conducir?».

Al igual que aprender a tocar el piano, comunicarse con adolescentes requiere paciencia, esfuerzo y mucha práctica, especialmente cuando los problemas afloran. Antes de que nos venza el desaliento, debemos recordar que incluso los concertistas de piano tienen días malos de vez en cuando.

Un padre nos preguntó una vez: «Todo ese discurso acerca del amor y la preocupación por los chicos es estupendo, pero ¿qué pasa cuando tu hijo adolescente se pasa de la raya? ¿Qué pasa cuando hace algo malo? ¿No deberíamos poner normas y mantener la disciplina?».

Los adolescentes necesitan amor y también normas. No se trata de escoger. Expresar amor sin reservas proporciona unos cimientos fuertes y seguros a partir de los cuales podemos reforzar las normas, y reforzar las normas es en verdad una prueba de amor.

A muchas personas les parece fácil amar sin preocuparse por la disciplina. A otras les parece fácil mantener la disciplina sin amor. Pero para combinar amor y disciplina, es necesario ser hábil y tener integridad personal. No es ningún secreto el hecho de que, en el fondo, la gente joven desea límites y fronteras. No importa cuántas veces expresen lo contrario, los jóvenes anhelan tener profesores y padres que sean capaces de mantener el orden. Una chica de quince años decía: «Me siento agradecida por las normas y los valores que mis padres me enseñaron. Otros chicos jóvenes a mi alrededor no son tan afortunados. Los observo y no los veo tan felices como yo. Aprecio a mis padres por haber puesto el listón alto».

Al poner límites, ofrecemos a los adolescentes la seguridad y la estabilidad que necesitan. Pero ¿cómo hacerlo sin bloquear la comunicación? He aquí algunas sugerencias.

Establezca expectativas claras

Los adolescentes necesitan saber lo que se espera de ellos. Micah, de dieciséis años, decía: «Mis padres me ponen las cosas claras, no se andan con rodeos. Ellos me dicen exactamente lo que esperan de mi comportamiento. Me lo enseñan con claridad y luego dicen: "Puedes elegir entre seguir las reglas o no hacerlo, depende de ti, pero no puedes decir que no conocías las reglas y las consecuencias de romperlas"».

La mayoría de los padres dirían que lo que esperan de sus hijos es que obedezcan. No obstante, a menudo desean obediencia porque sus expectativas no han sido expresadas a sus hijos con suficiente claridad y con la frecuencia necesaria.

Un hombre de cincuenta años dudaba cuando le propusieron hacer una presentación a un grupo de adolescentes.

Finalmente aceptó la tarea. Su supervisor le entregó algunos materiales y le dijo: «Buena suerte. A los dos últimos conferenciantes se los comieron vivos». Al día siguiente, en el trabajo, el hombre le habló de su tarea a un amigo. Por toda respuesta, este le expresó sus más sentidas condolencias.

Cuando el hombre llegó a su casa aquella noche, su mujer le dijo: «No dejes que te desanimen. Siempre se te ha dado bien la gente joven». Él replicó: «Sí, pero eso fue cuando yo mismo era mucho más joven».

El día de la presentación se había preparado bien, y saludó con entusiasmo a la audiencia cuando entró en la sala. Pero durante toda la charla los adolescentes se comportaron como si ni siquiera estuviera allí. Hablaban de la escuela, bromeaban, jugaban con sus teléfonos…, y, cuando intentó que se calmaran y le atendieran, algunos fueron completamente groseros con él. Sintió que había perdido totalmente el control.

Más tarde le dijo a su mujer: «Esos chicos se comportaron como auténticos gamberros».

Ella le escuchó mientras le explicaba cómo había ido la clase y luego preguntó:

—¿Sabían dónde se encontraban las cercas?

—¿Qué quieres decir?

—Puede que suene extraño —dijo—, pero creo que los adolescentes se parecen mucho a las vacas. Deambulan tan lejos como pueden y se meten en toda clase de problemas a menos que haya una cerca. En cuanto saben dónde están las cercas, se suelen contentar con pastar en medio del campo.

Durante aquella semana, el hombre reflexionó acerca de aquel comentario. Acudió a su siguiente presentación con la lección aprendida, así como con su cerca. Saludó a los jóvenes con entusiasmo mientras entraba en la sala, se sentó y luego dijo con firmeza: «Mientras hago mi presentación hoy, espero que escuchéis y no habléis. Si tenéis comentarios, por favor, alzad la mano y los escucharemos por turnos. Guardad los teléfonos móviles durante la charla. Estamos aprendiendo algo importante y es esencial que pueda contar con vuestra atención».

¿Qué le contó a su mujer aquel hombre después de la presentación? ¿Se portaron estupendamente los adolescentes? ¿Se quedaron todos sentados en silencio con las manos educadamente apoyadas en el regazo? ¿Fueron todos felices al final del cuento? No, pero las cosas fueron mejor que la semana anterior. Las cercas que la mujer de este hombre mencionaba son las expectativas que debemos comunicar y los límites que tenemos que poner de manera clara a los adolescentes. Como explicó a su mujer: «Tuve que recordarles que permanecieran en silencio en varias ocasiones, y tuve que parar la clase y no seguir hasta que volvieran a prestar atención, pero conseguí hacer mi presentación. Incluso dos chicas se acercaron al final y me dieron las gracias». Fue una victoria pequeña, aunque crucial.

Sea coherente con la responsabilidad

¿Cuántas veces ocurre que planteamos unas expectativas o ponemos una cerca, pero fallamos al no llevarlo hasta el final? Pactamos una hora de regreso a casa, pero luego hacemos la vista gorda cuando los chicos no son puntuales. Les pedimos a los adolescentes que escuchen, pero de todos modos continuamos hablando estén escuchándonos o no. Una vez que planteamos cuál es nuestra expectativa, debemos insistir en obtener el comportamiento que esperamos.

En casa de Jerrick, sus padres establecieron una hora de llegada cuando cada uno de sus hijos empezó el instituto. El toque de queda era la medianoche, y todos conocían el castigo si rompían la regla: papá les daría un susto. Suena tonto, pero funcionaba.

Como hacen muchos adolescentes, Jerrick puso a prueba el toque de queda para ver si sus padres cumplían de verdad la amenaza. El chico pensó: «Mi padre no me pegará un susto». Pero pronto iba a descubrir que se equivocaba.

Una noche, Jerrick llegó a casa un poco más tarde de la medianoche y se encontró con la puerta principal todavía sin cerrar y el porche iluminado. Recuerda que pensó: «Todo parece normal. Deben de haberse olvidado o se habrán dormido».

Imbuido por una sensación de falsa seguridad, entró en casa confiado, sin saber que su padre estaba escondido justo detrás del muro bajo que rodeaba la puerta principal. Cuando Jerrick dobló la esquina, su padre saltó desde detrás del muro y le agarró por el brazo. Jerrick dio un grito tan agudo que parecía imposible que aún pudiera salir de su voz de adolescente y despertó a varios miembros de la familia. Lección aprendida: Jerrick nunca volvió a llegar tarde.

Varios años después, cuando Jerrick estaba en la universidad y fue de visita a casa con unos amigos, su hermana rompió el toque de queda. Fueron solo unos minutos, pero la norma se mantuvo y Jerrick y sus amigos ayudaron de buena gana al padre de Jerrick a asustar a su hermana. Al igual que Jerrick, su hermana nunca volvió a llegar tarde.

Exprese su gratitud con generosidad

Un adolescente observador explicó: «Mis padres son rápidos cuando se trata de castigarme por desobedecer, pero muy lentos a la hora de premiarme cuando hago algo bien». Cuando un adolescente cumple nuestras expectativas, debemos mostrarle gratitud.

Un padre explicaba:

«Nunca se me había ocurrido darles las gracias a mis hijos por las pequeñas cosas que hacen. Supongo que simplemente esperaba de ellos que hicieran esas cosas de forma natural. Pero decidí intentarlo. Habíamos fijado el objetivo familiar de pelearnos menos, y en concreto les había pedido que dejaran de decirse el uno al otro las palabras "tonto" y "cállate". Varios días después, las cosas estaban yendo bastante bien. Me acerqué a cada niño para expresarle mi gratitud por utilizar un lenguaje mejor en casa, y su respuesta fue increíble. Pensé que creerían que les estaba tratando como bebés. En lugar de eso, vi que estaban contentos de verdad de que me hubiera dado cuenta de sus esfuerzos. Mi hija pequeña incluso me dejó una nota en el coche dándome las gracias por ser un padre tan genial».

Expresar gratitud no solo muestra a los adolescentes que apreciamos sus esfuerzos, sino que les motiva a continuar con sus comportamientos positivos. Una de las responsabilidades de Jerrick cuando era pequeño era cortar el césped. «Recuerdo que mi madre siempre me alababa cuando había hecho un buen trabajo con el césped», dice Jerrick. «Me sentía bien cuando me felicitaba, así que quería seguir segando el césped, porque sabía que mi madre estaría orgullosa de mí, y, en consecuencia, yo me sentiría orgulloso de mí mismo.»

Corrija en privado

Cuando tenemos un problema con un adolescente es mejor tratarlo con él en privado y no delante de sus amigos, hermanos y hermanas u otros adultos. Si caemos en luchas de poder con ellos frente a los demás es muy probable que perdamos. La mayoría de los adolescentes sacrificarán su relación con nosotros antes que permitirse parecer débiles delante de sus amigos.

Busque un momento tranquilo, como, por ejemplo, justo antes de ir a dormir. Escoja un lugar cómodo, donde no haya interrupciones o distracciones. Cuando piense en qué decir, asegúrese de que ya se ha calmado. Imagínese a usted mismo como un asesor y no tanto como un jefe, como un entrenador más que un crítico. Imagine la conversación más como una exploración que una acusación. Empiece preguntando: «¿Qué ha pasado?» o: «¿Algo va mal?», en lugar de: «Sé que has estado mintiéndome y quiero saber por qué».

Puede que el adolescente diga: «No ha pasado nada». Normalmente esa respuesta es una prueba para ver si de verdad le importa lo suficiente como para volver a preguntar. No se rinda. Continúe con la conversación o espere en silencio. Si la única respuesta sigue siendo una mirada inexpresiva o un «no fui yo», continúe haciendo preguntas. Invitar a hablar a los adolescentes es mejor que darles lecciones.

Joy Saunders Lundberg escribió acerca de una situación similar con su hijo adolescente:

«Nuestro hijo regresó un día de la escuela y parecía desanimado. Le dije: "¿Qué sucede? Pareces triste". Él replicó: "Jim (ese no es su nombre real) es un imbécil". Yo le pregunté: "Vaya, ¿por qué?". Lo que siguió me sorprendió muchísimo:

"Pues es que desde que su madre empezó a trabajar ha estado invitando a casa a su novia todos los días".

Aguantándome las ganas de soltar un magnífico sermón moralista dije: "Ah".

Y él continuó: "Es tan estúpido. Se va a meter en un problema". Definitivamente, aquello se parecía mucho a lo que yo hubiera dicho, solo que era mucho más conciso.

Le pregunté: "¿Qué quieres decir?". Y entonces me inundó con un montón de información acerca de los peligros de estar solo en casa con la novia. Pero la cosa no quedó ahí. Analizó todos los puntos, incluidos los terribles efectos de las enfermedades venéreas y del aborto. Todo lo que hice fue escuchar y asentir.

Estoy convencida de que si el sermón lo hubiera soltado yo me habría escuchado bien poco».

Corregir en privado nos permite ayudar a los adolescentes a reflexionar sobre lo que ocurrió («¿Qué fue bien?» «¿Qué fue lo que no funcionó?»). Podemos guiarlos para que hagan juicios de valor («¿Eso te ayuda?») y ayudarlos a formular un nuevo objetivo o plan de acción para el futuro («¿Qué crees que deberíamos hacer al respecto?»). De este modo podemos dejar de desempeñar el rol del dictador sabelotodo y simplemente empezar a ayudar a los adolescentes para que se ayuden a sí mismos. Nuestro trabajo como padres no es resolver todos los problemas de nuestros hijos, sino darles oportunidades para que empiecen a resolver sus propios problemas.

Si la situación requiere de disciplina, recuerde que la palabra «disciplina» proviene de la palabra «discípulo», que significa «aprendiz». Disciplinar, por tanto, es enseñar, entrenar y aprender. No es algo que le hacemos a un niño, sino algo que hacemos *para* el niño.

Cuando se trata de dirigir, un concertista de piano diría: «Simplemente lea las notas y toque con entusiasmo». Esto en principio podría parecer suficiente. Sin embargo, cuando lo intentamos parece que no funciona. Tocamos las notas incorrectas con más frecuencia que las correctas. Pero si nos esforzamos iremos mejorando. Puede que nunca lleguemos a tocar en una sala de conciertos, pero acertaremos con las notas en casa, que es donde realmente importa. No basta con acertar las notas solo una vez, tenemos que seguir practicando para acertar por sistema.

Esto es así también cuando intentamos abrazar a un erizo. El erizo no se familiarizará con nuestro olor solo tras un intento. Necesita que nos quitemos los guantes cada vez que intentamos abrazarlo. El erizo espera el mismo olor, y los guantes, o incluso un olor diferente, pueden confundirle. Cuando establecemos límites con los adolescentes no es suficiente con ponerlos una vez, y sin duda no queremos confundirles cambiándolos constantemente. En lugar de hacer eso podemos aprender a expresar nuestras expectativas con frecuencia, mantener la responsabilidad, expresar agradecimiento y corregir en privado. La clave imprescindible es seguir intentándolo. Y esto sirve tanto para la comunicación como para tocar el piano o abrazar erizos.

Invitaciones a la acción

¿Cómo puede establecer los límites apropiados a su adolescente? He aquí algunas claves que pueden ayudarle a pensar detenidamente acerca de las distintas opciones:

- Piense acerca de lo que espera de su hijo adolescente. ¿Cómo puede comunicarle mejor dichas expectativas?

- ¿Cómo consigue que su hijo adolescente se haga responsable de sus acciones? ¿Qué mensajes recibe él o ella de usted cuando sostiene dicha responsabilidad?

- Durante la última semana, ¿qué ha hecho su adolescente que haya merecido su gratitud? ¿Cómo puede expresarla?
- Piense en una ocasión en la que alguien le corrigió. ¿Qué fue lo que lo convirtió en una experiencia positiva o negativa? ¿De qué formas puede ayudar a su hijo a sentir su amor mientras le corrige?

Superar la adversidad

Cómo abrazar a un erizo: Regla número 2

«Tómese su tiempo, deje que se relaje. Si se hace una bola y saca las púas, mantenga la calma y sea paciente.»

Un erizo se enfrenta a numerosas adversidades en su vida, desde los depredadores naturales hasta la destrucción de su hábitat. Cuando un erizo se siente amenazado, se enrolla, cubriendo su vientre blando y exponiendo completamente sus púas afiladas. Los adolescentes también se enfrentan a muchas adversidades en sus vidas, pero reaccionan a ellas de formas diferentes. He aquí cuatro claves para ayudar a los padres a entender cómo pueden ayudar a los adolescentes a

superar la adversidad: hablar con ellos acerca de lo que significa hacerse mayor y de sexualidad; ayudarlos a enfrentarse a sus miedos; ser claros acerca de por qué evitar elecciones
peligrosas y poco saludables, y demostrarles cómo aprender
de los reveses y los fracasos.

Capítulo 5:

Hable acerca de lo que significa hacerse mayor y de sexualidad

Si miramos hacia atrás, probablemente todos recordaremos aquellos momentos en los que nos dimos cuenta de que estábamos pasando de la niñez a la juventud. Algunos lo recordarán como el día en que cruzaron por primera vez las puertas del instituto y se encontraron entre una multitud de estudiantes, todos hablando a gritos para encontrar el aula en su primer día de clase. Otros recordarán esa sensación maravillosa aunque a la vez extrañamente incómoda después del primer beso. Para otros fue el día en que por fin ganaron a papá al baloncesto, o quizás unas lecciones de conducción con mamá apretando los nudillos en el asiento del acompañante. Incluso, para otros, puede haber sido cuando contestaron al teléfono y la persona al otro lado de la línea comentó: «Oh, lo siento, tienes la misma voz que tu madre» o: «Vaya, contestas al teléfono exactamente igual que tu padre».

Todos tenemos recuerdos de cómo nos hicimos mayores, porque hacerse mayor es una parte natural de la vida. Además del momento en que nacimos, nuestros cuerpos experimentan su mayor crecimiento en la etapa de la llamada «pubertad», un momento en que nuestros cuerpos infantiles pasan a la edad adulta. A veces esta transición tiene lugar con suavidad, y otras veces los adolescentes experimentan dolores de crecimiento, literalmente y en sentido figurado, mientras intentan abrirse camino en este nuevo período de sus vidas. Mencionar la palabra «pubertad» saca a la luz una gran variedad de emociones, desde la risa a la felicidad o la vergüenza, dependiendo de los recuerdos que afloren.

Cuando Jerrick piensa en la pubertad, recuerda una experiencia que le sucedió en octavo curso. Era miembro de la junta directiva de estudiantes de su escuela, y una de las responsabilidades de la junta era recitar el Juramento de Lealtad y leer los anuncios por megafonía cada mañana. Los miembros de la junta hacían turnos para realizar dicha tarea, y Jerrick se sentía aterrorizado cuando le tocaba, como la mayoría de sus compañeros de clase. La mayoría de sus compañeros tenían miedo porque no querían equivocarse mientras leían, pero Jerrick era un lector aventajado para su edad y no le preocupaba tanto equivocarse leyendo como que su voz le fallara durante los anuncios.

La primera vez que le tocó leer, se dirigió por el pasillo hasta la sala de tecnología pensando: «Por favor, voz, no me falles. Por favor, no me falles». Para cuando llegó a la puerta se había convencido a sí mismo de que las cosas irían bien. Abrió la puerta y entró. La habitación parecía pequeña, con un manojo de cables esparcidos por todas partes que conectaban un chisme con otro cacharro. Había una silla y una mesa con un micrófono encima al fondo de la habitación. Se acercó a la mesa, se sentó en la silla y sacó la hoja de papel que le habían dado y que contenía las palabras que tenía que decir. Esperó a que sonara el timbre del final de la primera clase y, una vez que terminó, pulsó confiado el botón de encendido del micrófono.

«Buenos días, Instituto Brown», dijo Jerrick. «Por favor, poneos en pie para recitar el Juramento de Lealtad». A pesar de su automotivación positiva, la voz de Jerrick se quebró justo en mitad del juramento. ¡Toda la escuela pudo oírlo! Jerrick estaba seguro de que sus compañeros le juzgaban y se estaban riendo de él. Durante el resto de los anuncios (que desafortunadamente eran muy largos aquel día), Jerrick estuvo hecho un manojo de nervios y se enredó con las palabras muchas veces. Su voz se quebró aún más, para colmo de males.

Brad tuvo una experiencia similar cuando era pequeño. Recuerda que cada vez era más alto y que sus padres se quejaban de que tenían que comprar pantalones y zapatos nuevos todo el tiempo, porque crecía muy rápido. Recuerda que tenía hambre y que le parecía que nunca se sentiría saciado. Dio la bienvenida a los anchos hombros que vio en el espejo, pero se sintió mortificado cuando descubrió que sus pectorales crecían y que sus pezones empezaban a sobresalir y se volvían sensibles. No sabía que tales cambios son normales en los chicos en edad de crecimiento. ¡Lo único que pensó era que debía de estar volviéndose como su madre!

Experiencias como las de Jerrick y Brad pueden ser la razón por la que el actor y músico Rick Springfield, en una entrevista con Wendy Williams, dijo con sorna: «Además de morirse, creo que la pubertad es lo más difícil que hay»*.

Podemos afirmar que, si volvemos la vista atrás, la mayoría de los adultos podemos identificarnos de una u otra manera con las dificultades de la pubertad. Sin embargo, la pubertad no tiene por qué ser necesariamente mala. Los adolescentes pueden abrirse camino a través de ella de forma positiva al experimentar cosas nuevas, y los padres pueden utilizarla como un momento de acercamiento a los preadolescentes y adolescentes. Los padres pueden ser guías de confianza mientras los niños se encaminan hacia la pubertad. Los padres pueden buscar información rigurosa, mantener abiertos los canales de comunicación y ser directos con los chicos cuando hablan de qué significa hacerse mayor y de la sexualidad. Esto otorga a los adolescentes la confianza que necesitan para afrontar la pubertad con una sonrisa, incluso aunque sea una sonrisa con aparatos dentales.

Busque información rigurosa

Los adolescentes afrontan asombrosas presiones y estrés mientras experimentan los cambios sociales, emocionales y físicos que acompañan a la pubertad. Por ejemplo, cuando intentan entender la nueva atracción que pueden sentir hacia miembros del sexo opuesto mientras a la vez se enfren-

---

* Lauri Bedigian, «Rick Springfield Talks with Wendy» (Rick Springfield habla con Wendy). *Examiner.com,* 20 de octubre de 2010. http:/www.examiner/article/rick-springfield-talks-with-wendy.

tan al acné y los olores corporales que pueden avergonzarles frente a los mismos miembros del sexo opuesto. Quieren que los otros sepan que *molan,* pero no quieren proclamarlo de forma evidente porque eso no *mola.* En secreto, desean información acerca de la sexualidad y de lo que significa hacerse mayor, pero no quieren admitir que no saben tanto como desearían. Necesitan ayuda, pero ¡no quieren obtenerla de sus padres! Debemos ver más allá de todo esto y tomar la delantera. Algunos padres pueden ver el nuevo interés de sus hijos en ser independientes como algo bueno cuando de manera voluntaria estos asumen más responsabilidades en casa. Otros lo ven como algo negativo si esa independencia va ligada a problemas en la escuela.

Como padres, debemos entender que el modo en el que contemplamos la experiencia de nuestros hijos con la pubertad determinará sus actitudes hacia ella. Si nos centramos solo en los aspectos negativos, lo más probable es que nuestros adolescentes hagan lo mismo. Pero cuando nos centramos en lo positivo es probable que ellos también se centren en dichos aspectos positivos. Según la psicóloga Marna Cohen y sus colegas, a medida que los padres adquieren conocimiento sobre la pubertad y sus efectos en los adolescentes, están mejor equipados para centrarse en lo positivo en lugar de lo negativo.*

Cuanto más conocimiento tengamos, mayor perspectiva y paciencia demostraremos a la hora de descubrir los aspectos positivos. Con el conocimiento, mejoramos nuestra ha-

---

* Marna Cohen, et al., «Parental Reactions to the Onset of Adolescence» (Las reacciones de los padres ante el inicio de la adolescencia). *Journal of Adolescent Selfcare* 7 (1986): 101-106.

bilidad para ayudar a los adolescentes a afrontar los aspectos negativos de hacerse mayor.

Los padres ya tienen más conocimiento acerca de la pubertad del que creen, porque ya la han experimentado. Pero experimentarla y saber cómo explicarla a un chico de doce años nervioso, asustado y avergonzado son cosas totalmente distintas. Ampliar sus conocimientos ayudará a los padres a sentirse más tranquilos y confiados a la hora de explicar la pubertad a sus hijos.

Hay muchos recursos disponibles, pero algunos proporcionan la información de forma complicada de entender o demasiado técnica. Otros lo hacen de forma grosera o poco refinada. Busque materiales que le proporcionen información bien equilibrada.

Mantenga abiertos los canales de comunicación

Jerrick recuerda que cuando estaba en quinto grado su profesor les entregó unos formularios de autorización que los padres tenían que firmar para que sus hijos pudieran participar en una charla introductoria sobre educación sexual. Jerrick llevó el formulario a casa y sus padres lo firmaron. La noche antes de la charla sus padres se lo llevaron a cenar fuera y dejaron al resto de sus hijos con una canguro. Durante la cena, los padres de Jerrick hablaron acerca de lo que se iba a tratar en aquella charla. Aunque no recuerda demasiado de aquella conversación, sí se acuerda de que aquella noche sintió el amor de sus padres. Él sabía que ellos sabían.

Aquello le hizo sentir cómodo en lugar de nervioso, y aquella conversación abierta le dio a Jerrick la confianza que necesitaba para hacerles todas las preguntas que fueron surgiendo más tarde durante sus años de adolescencia.

Armados de conocimiento, los padres pueden comunicarse con confianza con sus hijos acerca de la sexualidad y la madurez. Tanto da que su hijo tenga diez años o dieciséis, nunca es demasiado tarde para establecer y mantener una comunicación abierta. La clave es empezar.

Hable con sus hijos acerca de la pubertad de forma abierta y honesta. Aunque la franqueza es importante en todas las respuestas que demos, no deberíamos recurrir al uso de palabras vulgares o al argot. Dichas palabras comunican falta de respeto hacia nuestros cuerpos y sus funciones. Es posible que usar los términos correctos nos suponga un pequeño esfuerzo, pero podemos llegar a sentirnos cómodos si llamamos a las partes del cuerpo y sus funciones con sus nombres apropiados.

Un toque ligero y positivo puede facilitar la conversación. Demasiado a menudo no nos damos cuenta de que transmitimos mensajes negativos sobre el cuerpo y la sexualidad de los adolescentes a través de las palabras que escogemos y también por el tono de voz. Un padre no sabía muy bien cómo responder cuando su hijo adolescente le preguntó acerca del sida. Al final le respondió bruscamente: «El sida tiene que ver con el sexo, así que no tienes que preocuparte por ello».

El chico hizo acopio de coraje y preguntó: «Bueno, y ¿qué pasa con el sexo?». El padre se puso nervioso y al final le soltó una respuesta muy torpe: «El sexo es algo que no debes practicar».

Como era de esperar, aquel intercambio cerró los canales de comunicación en lugar de abrirlos. Está claro que se pueden cometer errores graves cuando nos aproximamos al sexo de forma inapropiada o poco saludable. Sin embargo, sin darse cuenta este padre transmitió a su hijo un mensaje negativo acerca del sexo, incluso del sexo dentro del matrimonio. Si no somos cuidadosos, los adolescentes pueden quedarse con la idea de que sus cuerpos son algo feo y que el sexo siempre es sucio o malo. Debemos intentar expresarnos de forma positiva cuando hablemos de sexo y de otros aspectos de la pubertad.

Hable directamente

Durante la pubertad, los adolescentes se hacen conscientes de la inmensa capacidad de amar, física y emocionalmente, que poseen sus cuerpos. Esta nueva consciencia dará como resultado preguntas, tanto explícitas como implícitas, que necesitan respuesta por parte de los padres. La escuela, los amigos, los asesores u otras personas no deberían sustituir nunca a los padres a la hora de enseñar a los hijos cuestiones relacionadas con la madurez y la sexualidad. Un estudio descubrió que los adolescentes cuyos padres hablaban abiertamente con ellos sobre sexo tendían a posponer las relaciones sexuales hasta una época más madura de su vida, al igual que hacían con el matrimonio.* De hecho, la mayor parte de los

---

* Michael D. Resnick, «Protecting Adolescents from Harm: Findings from National Longitudinal Study on Adolescent Health» (Proteger a los adolescentes del daño: resultados del Estudio Nacional Longitudinal sobre la salud del adolescente). *Journal of American Medical Association*, 278 (1997): 823-832

adolescentes prefieren hablar de sexo con sus padres antes que con sus profesores o sus amigos.* Los adolescentes confían en sus padres porque saben que estos están en su vida para siempre y ponen todo su interés de corazón. También saben que los padres pueden transmitir los hechos dentro del contexto de los valores y las normas de la familia, algo que los profesores, los amigos y los medios de comunicación no pueden hacer de forma tan efectiva.

Hablar con los jóvenes de sexo puede ser embarazoso al principio, pero es importante. Una parte de dicho embarazo puede evitarse si hablamos de sexo con ellos en privado. Incluso un entorno familiar puede ser demasiado público si queremos cumplir con las necesidades de todos sin avergonzar a algunos y abrumar a otros. Las conversaciones personales nos permiten instruir de un modo sensible y efectivo. Si los adolescentes no inician la discusión, debemos buscar el momento oportuno para sacar nosotros el tema. Conseguir tener «la charla» no se consigue con solo una vez. A menudo el tema del sexo hay que discutirlo primero en la etapa preadolescente y luego volver a él muchas veces durante la adolescencia. Cada chico es diferente, pero no deberíamos tener miedo de hablar de temas sexuales con los adolescentes siempre que nos parezca necesario.

A algunos padres les preocupa que, si hablan con franqueza con sus hijos acerca de sus cuerpos y del sexo, de alguna manera estén promoviendo o consintiendo comporta-

---

* Karen A. Hacker, «Listening to Youth: Teen Perspectives on Pregnancy Prevention» (Escuchar a los jóvenes: perspectivas adolescentes en la prevención del embarazo). *Journal of Adolescent Health*, 26/4 (2000): 279-88.

mientos promiscuos. Pero, de hecho, es todo lo contrario. Nuestra experiencia nos ha enseñado que los adolescentes más activos sexualmente suelen ser los menos informados. El silencio y la ignorancia, la comunicación no abierta, a menudo conducen a malas elecciones por parte de los adolescentes. Cuanto más sólida es la información sexual que el adolescente obtiene de sus padres, más capaz será de tomar decisiones maduras. Los resultados de una encuesta nacional mostraron que el 88 % de los adolescentes retrasaban sus experiencias sexuales a causa de las conversaciones francas y directas con sus padres.*

Debemos tener cuidado de no saturar a los adolescentes, y especialmente a los preadolescentes, con más información de la que realmente necesitan o desean. Conocemos el caso de una madre cuya hija de seis años preguntó: «¿De dónde vengo?». Cuando la madre se lanzó a soltarle un discurso sobre los hechos de la vida la pequeña la interrumpió: «Yo solo he preguntado de dónde vengo. Mi amiga Stephanie dice que ella vino de Omaha».

La manera más segura de calcular cuánto saben los adolescentes o cuánto quieren saber es haciendo preguntas exploratorias. Por ejemplo, si un adolescente dice: «Es que no entiendo a las chicas», un padre podría preguntar: «¿Por qué? ¿A qué te refieres?».

Una adolescente comenta: «Mi amigo Johnny está raro conmigo y no sé por qué». Su madre podría preguntar: «¿Está raro cómo?».

---

* Laura Bell, «Let's Talk About Sex» (Hablemos de sexo). *Reader's Digest*, marzo de 2008.

Si un adolescente pregunta: «¿Qué significa anticonceptivo?», un padre podría responder: «Me encantaría responder a esa pregunta, pero primero dime: ¿cuándo oíste esa palabra?».

Las preguntas no son un intento de cambiar de tema o de evitar dar una respuesta directa. Más bien ofrecen una oportunidad de escuchar y también de hablar, de recoger la información suficiente para que los padres puedan responder a las necesidades de sus hijos de forma efectiva.

Una vez que los padres han determinado lo que sabe el adolescente y lo que aún necesita aprender, no deben dudar en explicar lo que sea necesario. Como padres, debemos ceñirnos a los hechos, ser honestos y directos, incluso cuando nos sintamos incómodos. No pasa nada por responder a algunas preguntas diciendo: «No lo sé todo sobre esto, pero intentaré responder lo mejor posible». O bien: «¿Sabes? No estoy muy seguro acerca de esto. Vamos a buscar información juntos». La voluntad de hablar con nuestro adolescente, a pesar de la incomodidad, fortalecerá su confianza en nosotros.

A veces, cuando intentamos agarrar a un erizo por primera vez, este se hace una bola y despliega sus púas. Cuando esto sucede, hay que hacer acopio de paciencia y persistencia. Al final, el erizo se sentirá más cómodo con usted. A medida que pase el tiempo, será más fácil tratar con él. De manera similar, cuando los padres tienen un papel activo ayudando a los adolescentes a abrirse camino a través de la pubertad, estos se sienten más cómodos con ellos. Cuando los padres amplían su conocimiento acerca del proceso por el que están pasando sus hijos, cuando mantienen abiertos los canales de comunicación y cuando hablan de cuestiones sexuales de manera directa, pueden conectar con sus adolescentes y ayudarlos a afrontar y a sobrevivir a la pubertad con una actitud positiva.

Invitaciones a la acción

¿Cómo hablar de forma positiva con los adolescentes acerca de qué significa hacerse mayor y de cuestiones sexuales? He aquí algunas sugerencias que pueden ser de ayuda:

- Piense en una ocasión en la que le enseñaran algo acerca de sexo o de qué sucede al hacerse mayor. ¿Qué aspectos de aquella experiencia funcionaron bien para usted? ¿Hubo algunos que no sirvieron? ¿Cómo convertir *la charla* y las charlas que vendrán después en una experiencia más positiva para su adolescente o preadolescente?
- Haga una lista de palabras que describan las partes del cuerpo y sus funciones (por ejemplo, «genitales» o «coito»). ¿Cómo puede explicar dichas palabras a su adolescente de una forma respetuosa y comprensible?

Capítulo 6:

Enfréntese a su peor miedo

«¿Qué es lo que te da más miedo?», preguntó Brad en cierta ocasión a sus hijos.

«¡Las abejas!», contestó su hija mayor de inmediato. Aquella era una respuesta previsible después de un encuentro poco amigable con un enjambre durante un pícnic algunos años antes. Le hicieron más de veinte picaduras.

Su hijo, que cursaba quinto grado, admitió que los tiburones le asustaban «un poco». Solo los había visto en películas, pero con eso le bastaba.

Su hija de cuatro años dijo: «Papi, a mí no me gustan los grandes *bums* del cielo». Se refería a los truenos, claro.

Brad se dirigió a su hijo menor y le preguntó: «¿A ti te da miedo algo?». El chico abrió mucho los ojos y asintió con contundencia.

«¿Qué es lo que te da más miedo?», sondeó Brad.

Su hijo enderezó sus pequeños hombros, alzó la barbilla, puso las manos sobre las caderas y dijo: «¡Las aspiradoras!».

Ahora que los hijos de Brad han crecido, sus miedos han cambiado. Después de todo, no hay muchos adolescentes que tengan miedo de las abejas o de los truenos. La mayoría de ellos no sienten terror ante los tiburones, especialmente si no viven cerca de un océano. Y ¿se imaginan a una estrella del béisbol siendo entrevistado tras el campeonato estatal y admitiendo que tiene miedo de las aspiradoras?

Entonces, ¿cuáles son los mayores miedos de los adolescentes?

Se hizo un estudio en el que se pidió a los padres que nombraran las mayores preocupaciones de sus hijos. Algunas fueron la guerra nuclear, el terrorismo, ser secuestrado o la posibilidad de que sus padres se divorciaran. Cuando se preguntó lo mismo a los adolescentes, las preocupaciones que afloraron fueron muy diferentes de las que sus padres habían supuesto. Los adolescentes temían sobre todo no tener suficientes amigos, o bien que les tomaran el pelo o los acosaran o bien sentirse avergonzados frente a sus compañeros. El estudio señaló que, de hecho, los adolescentes encuestados tenían mucho más miedo de sentirse humillados frente a sus compañeros que de someterse a una intervención quirúrgica*.

Aunque los adolescentes no lo admitan abiertamente, los resultados del estudio dan en el blanco. El acoso por parte de compañeros supone una presión muy seria. Una madre escribió la siguiente carta referida a su hija adolescente, a quien llamaremos Brittany:

---

* James Lincoln Collier: «What Your Child Fears Most» (Lo que más teme tu hijo). *Reader's Digest,* octubre de 1988, 7-12.

Estamos viviendo momentos de gran preocupación con Brittany. Hemos pasado gran parte del curso preguntándonos cuál será su siguiente artimaña. No se trata de los típicos actos de rebeldía adolescente. Son malvados y bastante fuera de lo común. Lo hemos hablado y sabe lo que esperamos de ella. Incluso nos dijo una vez, entre lágrimas, que quiere intentar ser mejor. Pero tiene una amiga que parece controlarla por completo. Siempre que hay un problema, esta amiga no solo está involucrada en él, sino que es la instigadora. Y Brittany simplemente está de acuerdo con todo lo que su amiga le sugiere.

Resulta que un día la amiga de Brittany sugirió que se saltaran las clases y fueran a casa de esta, ya que sus padres no estaban. Invitaron a otros adolescentes a la casa y celebraron una fiesta, que incluía cerveza y chicos. Pueden imaginarse el resto. El padre de Brittany decidió volver a casa en mitad del día para recoger algo. Su llegada fue una gran sorpresa para los chicos. Se apresuraron a marcharse y dejaron tras de sí un lío terrible, pero al menos el padre de Brittany pudo parar la fiesta antes de que la cosa fuera más lejos.

Cuando los padres de Brittany la confrontaron por lo que había sucedido, Brittany se echó a llorar. Sabía que aquello estaba mal y que iba contra las normas de su familia. En realidad no deseaba hacerlo. Entre sollozos, confesó: «No sabía qué hacer. Tenía miedo de que mis amigos le dijeran a todo el mundo que no quería». Brittany explicó a sus padres que su amiga la había *forzado* a hacerlo, que la había «obligado». Pero ¿acaso la había apuntado con una pistola? No. Su amiga había usado un arma diferente: la presión negativa del grupo.

La madre de Brittany concluyó su carta diciendo: «La necesidad de aceptación por parte de Brittany y su deseo de ser popular entre los chicos la consumen». Esta madre estaba en lo cierto. Incluso Brittany lo sabía, pero ¿qué podía hacer? ¿Cómo pueden Brittany y otros adolescentes enfrentarse a su mayor miedo y superarlo? He aquí algunas claves que pueden ayudarnos a desbloquear los mayores miedos de los adolescentes y enfrentarnos a ellos.

Espere lo mejor

Los adolescentes necesitan comprender que los demás no suelen prestarles tanta atención como ellos creen. La mayoría de los adolescentes están demasiado preocupados por sí mismos como para pasar mucho tiempo analizando el comportamiento de los demás. En un baile, un adolescente se preocupará de si está bien peinado, de si su ropa es la adecuada y de si su forma de bailar encaja con el ambiente. Mientras tanto, las personas que le rodean suelen estar tan preocupadas por su propio peinado, su ropa y su forma de bailar que ni siquiera ven a los demás.

En mitad de segundo curso, el instituto de Brad anunció las audiciones para la representación teatral anual de Shakespeare. «¡Genial!», pensó Brad. Se imaginó a sí mismo vestido con un colorido disfraz de la época isabelina, representando un papel impactante. Le pareció cosa hecha. Así que entre la clase de Historia de América y la hora de la comida recogió una hoja de inscripción a la audición en la oficina del centro.

A medida que la tarde transcurría, Brad empezó a reconsiderar su idea. Después de todo, ¿qué dirían sus compañeros si se enteraban de que quería participar en una obra de Shakespeare? Le resultaba fácil imaginar los insultos odiosos que le dedicarían. A pesar de ello, cuando las clases acabaron, reunió todo su coraje y se puso en la fila de participantes de la audición, que se estaba formando en el fondo de la escalera del ala C. Todos los estudiantes a su alrededor parecían de tercero o de último curso. Brad empezó a sentir pánico. «¿Qué sucederá si mi audición les parece horrorosa?», pensó. Se los imaginó riéndose de él y susurrando crueldades a su espalda. Se vio a sí mismo sobre el escenario, esquivando los lápices, los montones de escupitajos, zapatos, piedras y mesas que probablemente le tirarían. Pensó: «Pero ¿qué estás haciendo? Vas a parecer un idiota». Rápidamente se retiró de la cola y se marchó.

Aquella noche, durante la cena, Brad se comió un solo taco en lugar de los tres que tenía por costumbre comer, así que su padre se dio cuenta de que algo le rondaba.

—¿Qué sucede? —preguntó.

—Quiero hacer la audición para una obra, pero no me dejarán.

—¿Quién no te dejará? —quiso saber su padre.

—Ya sabes. Ellos.

—¿Quiénes son ellos? —inquirió de nuevo el padre de Brad.

—Los chicos de la escuela —respondió él exasperado—. Ya sabes, los compañeros, los estudiantes mayores, los líderes.

Brad hurgó en su mente en busca de algunos nombres en concreto, pero no se le ocurría ninguno.

Entonces, con esa sabiduría infalible que poseen muchos padres, el papá de Brad le explicó que, a medida que la gente madura, lo que los demás piensan o dicen de nosotros se va volviendo cada vez menos importante. Tardó un poco en convencerle de que era él mismo quien no se permitía hacer lo que deseaba.

Antes de irse a dormir aquella noche, Brad rescató la arrugada hoja de audiciones del bolsillo de sus vaqueros y la volvió a leer. Pensó en los estudiantes haciendo cola para la audición. Probablemente estaban tan nerviosos como él. Probablemente estaban demasiado nerviosos acerca de sus propias actuaciones como para criticar la suya. Sabía que las audiciones continuarían hasta el final de la semana, así que se prometió a sí mismo que al día siguiente no permitiría que el miedo le apartara de sus intenciones. Lo intentaría.

Pues bien, eso es exactamente lo que Brad hizo. Y ¿lo adivinan? Nadie se rio. Incluso consiguió un papel en la obra.

Escuche los mensajes ocultos

Quizás algunos adolescentes puedan pensar: «Muy bien, quizá nadie se rio de ti, pero seguro que se hubieran reído de mí». Una joven nos dijo una vez: «Una de mis amigas me controla como si fuera un halcón. Siempre está vigilándome, menospreciándome o haciendo comentarios groseros sobre mi forma de hablar o de vestir. Si no me lo dice directamente, lo hace a mis espaldas».

¿Cree que su hijo adolescente se ha sentido alguna vez vigilado de este modo? A menudo les oímos decir de pasada: «Yo no bailo», «yo no practico deporte» o «yo no hablo en público». A menudo es porque, cuando lo intentaron en el pasado, alguien se rio de sus torpes intentos. Es importante enseñar a los adolescentes a esperar lo mejor, y ayudarles a darse cuenta de que la mayoría de las personas no van a burlarse, aunque siempre hay unos cuantos que disfrutan siendo la excepción a todas las reglas.

Cuando esos personajes empiezan a atormentar y a menospreciar a alguien, tenemos que ayudar a nuestros adolescentes a escuchar el mensaje oculto, no solo el que sale directamente de la boca de los acosadores, sino el menos evidente que se esconde tras sus palabras.

Hemos observado a conferenciantes aparecer tan asustados que nos han entrado ganas de llamar al teléfono de urgencias antes de que cayesen muertos delante de nosotros. Aunque normalmente dichos conferenciantes empiezan sus intervenciones diciendo: «Me siento tan feliz de estar aquí» o: «Estoy muy agradecido por esta oportunidad». En tales ocasiones, ¿no resulta muy fácil escuchar alto y claro el mensaje que hay tras sus palabras?

Lo mismo ocurre cuando los compañeros ridiculizan, intimidan o excluyen a otros adolescentes. Cuando los chavales intimidan o acosan a alguien publicando comentarios maliciosos u ofensivos en Facebook, quizá lo que los acosadores desean realmente es amistad y aceptación, aunque no saben cómo alcanzar sus deseos. El mensaje oculto tras este tipo de acciones es que dichos adolescentes no se sienten bien consigo mismos. Cuando los desprecios o los comentarios groseros que hacen sus compañeros hieren a los adolescentes, ayudarles a escuchar el mensaje que esconden dichas acciones hirientes puede suavizar el golpe y ayudarles a ser optimistas, así como a contemplar las cosas con amplitud de miras.

Actúe con confianza

El escritor Victor Harris me contó cómo su hijo pequeño colaboró con cuatro de sus amigos para meter a uno de los gatos del vecindario en el congelador. Su padre lo mandó a su habitación para que pensara en cómo podría haber manejado la situación de una forma diferente. Al chico le encantaban los animales, y normalmente se mostraba muy sensible con ellos, pero no quería parecer cobarde ante los amigos que le habían retado a congelar al felino.

El señor Harris escribió: «Pocas semanas después, nos sentimos muy agradecidos cuando resistió a la presión del grupo… Uno de sus amigos tenía un encendedor, y propuso que lo utilizaran para quemar una lombriz de tierra. McKay saltó, agarró al gusano y sosteniéndolo en el aire avisó: "¡No quemarás a este gusano!"».

Otra adolescente ofrece su consejo de este modo: «Si tus amigos empiezan a reírse de ti, no te amilanes ni te escondas en un rincón. ¡Mantén la cabeza alta! Puede que por dentro quieras morirte, pero sigue haciendo lo que estabas haciendo. Si estás seguro de que lo que haces es correcto, haz como si lo que dicen no te importara lo más mínimo, porque en realidad no importa». Parece fácil de decir, pero, ¿seguirá esta chica su propio consejo?

Sí, lo sigue. Una vez estuvo ahorrando dinero para comprarse un top que le gustaba mucho. Se lo puso para ir a la escuela y en cuanto la vio una amiga la saludó diciendo: «No puedo creer que te hayas puesto eso. ¡Qué feo!».

Cuando la muchacha llegó a su casa después de las clases se quitó el top recién estrenado, lo guardó en el fondo del armario y decidió que no se lo volvería a poner nunca más. Pero entonces pensó: «¡Espera! Pero ¿qué estoy haciendo? A mí me gusta. Me he gastado mi dinero en él. ¿Desde cuándo dejo que mis amigos decidan sobre mi ropa?». La chica agarró el top, lo lavó, lo planchó y volvió a ponérselo a menudo.

Hemos visto a otros adolescentes actuar con una confianza similar. Brad recuerda haberse ocupado de vigilar un baile juvenil en el que vio cómo varios adolescentes empezaban a bailar como si fueran pollos. Otros lo vieron también y empezaron a reírse de ellos. Los chicos oyeron aquellas risas, pero continuaron bailando. De hecho, se les veía tan orgullosos de su baile que algunos de los demás jóvenes empezaron a unirse a ellos. En un momento la mitad de los adolescentes que había en el gimnasio estaban bailando como si fueran pollos.

Sustituya el miedo por la esperanza

Durante su primer año de instituto, Jerrick hizo una prueba para el equipo de voleibol. Según él mismo admite, no era muy buen jugador, pero consiguió entrar de todos modos. Era un equipo grande, tan grande que durante los entrenamientos ra-

ramente se le permitía jugar en la línea de ataque, mucho menos durante un partido. Se llevó una buena sorpresa cuando, durante un partido, dijeron su número para que sustituyera a un compañero de equipo. «Estaba asustado», recuerda. «Mis padres estaban allí. Mis hermanos también. Todos mis amigos estaban en el equipo, y no quería decepcionar a nadie.»

Daba igual que el equipo estuviera ganando a su oponente. Daba igual que fuera imposible que el equipo de Jerrick perdiera por su culpa. Estaba asustado de lo que todos a su alrededor pudieran pensar si no jugaba bien. Uno de los peores miedos de Jerrick en el instituto era decepcionar a los demás, y, aunque ya no se acuerda exactamente de cómo jugó aquella noche, sí recuerda que percibió la decepción de todos los que fueron a verle jugar.

A medida que avanzaba en el instituto, Jerrick trabajó tanto sus habilidades como jugador que al final se erigió en uno de los líderes y motor del equipo de preparatoria. Lo más importante fue que ganó confianza, confianza en sus habilidades y confianza en sí mismo. Ese es el tipo de confianza que no se sustenta en las ideas, las palabras o los actos de los demás, sino en los pensamientos positivos, las palabras y los propios actos. Su equipo jugó muchas veces durante aquella temporada, y Jerrick no volvió a tener miedo. Entraba en el campo con entusiasmo. Había sustituido el miedo por la esperanza.

Como estudiante de último curso, una de las actividades favoritas de Jerrick era ayudar al equipo de primer curso a calentar antes de los partidos. Se veía a sí mismo en algunos de aquellos jugadores más jóvenes. Podía ver su miedo y su falta de confianza, pero él les recordaba que debían tener esperanza. Trabajando duro podrían superar sus miedos y quizás acabar siendo grandes jugadores. Él lo sabía porque lo había logrado, y quería ayudar a aquellos estudiantes de primer año a tener esperanza en su propio potencial.

¿Abejas? ¿Tiburones? ¿Truenos? ¿Aspiradoras? ¿Qué es lo que más teme su adolescente? Quizás en el fondo tenga algo que ver con hacer frente al rechazo, la humillación y la vergüenza ante sus compañeros. Cuando la gente les toma el pelo, les tienta o los lleva al límite, ayude a los adolescentes a recordar que no son los únicos que se enfrentan a tales acosos y presión negativa. Pueden actuar con confianza y sustituir su miedo por confianza.

El miedo es la razón principal por la que un erizo se hace una bola y saca sus púas. Dicha acción es un mecanismo de defensa para el erizo, pero, en cuanto siente que aquello que le causaba miedo ha desaparecido, se relaja. Es mucho más fácil para usted abrazar a un erizo cuando este se relaja. Es mucho más fácil conectar con los adolescentes cuando están relajados y cómodos que cuando tienen miedo.

Mientras nos esforzamos por conectar con los adolescentes, debemos abordar sus miedos reales porque, como padres, nos encontramos en la mejor posición para ayudarles a superarlos. Esperar lo mejor, escuchar los mensajes ocultos, actuar con confianza y sustituir el miedo por la esperanza son las cuatro claves que los padres pueden utilizar para ayudar a los adolescentes a enfrentarse a sus miedos. Quizás uno de sus mayores miedos sea no ser capaz de conectar de forma efectiva con su hijo adolescente, pero con solo leer este libro usted ya está trabajando para superar ese miedo. Del mismo modo que para usted es posible superar los miedos, lo es para los adolescentes.

Invitaciones a la acción

¿Cómo puede ayudar a su adolescente a superar sus miedos? He aquí algunos elementos a considerar:

- ¿Espera su adolescente resultados positivos? Si no es así, ¿cómo puede animarlo a tener una actitud diferente? ¿Qué experiencias personales podría usted compartir con él?
- ¿Cuáles son los mensajes ocultos que su hijo adolescente recibe cuando se siente rechazado o el grupo le presiona de forma negativa? ¿Cómo puede desvelar dichos mensajes?
- ¿Cuáles son sus miedos y de qué modo los ha sustituido por esperanza? ¿Cómo puede aprender el adolescente de su ejemplo? ¿Qué otros modelos o ejemplos de personas podría darle a su hijo?

Capítulo 7:

Recuerde lo que *no* pone en las etiquetas de advertencia

«**A**dvertencia: ¡lo que está a punto de beber o de fumar puede matarle!» Estos avisos aparecen en las latas de cerveza* y en los paquetes de cigarrillos, y a pesar de ello los adolescentes continúan consumiendo estos productos con una frecuencia alarmante. Un famoso estudio denuncia que el uso de marihuana entre los estudiantes de último curso de instituto alcanza el 22%**, mientras que otro estudio afirma que el 50% de los estu-

---

* En Estados Unidos las bebidas alcohólicas que contienen un 0,5% o más de alcohol por volumen llevan una advertencia gubernamental sobre salud en la etiqueta. *(N. de la T.)*

** «Drug Facts: High School and Youth Trends» (Información del medicamento: instituto y tendencias de los jóvenes), National Institute on Drug Abuse, enero de 2014. http://www.drugabuse.gov/publication/drugfacts/high-school-youth-trends.

diantes de último curso afirmaron haber bebido alcohol durante el mes anterior*.

Parece que no es suficiente con saber que el alcohol está relacionado con desórdenes del sistema nervioso, pérdida de memoria, cirrosis, enfermedades del corazón o de los riñones, pérdida de visión, desajustes estomacales, actividad excesiva de los intestinos, baja inmunidad y desnutrición. Es evidente que no tiene gran relevancia saber que fumar produce cáncer de pulmón, labios, lengua o boca, así como enfermedades cardiacas, bronquitis crónica y enfisema, problemas circulatorios, presión arterial elevada y úlceras estomacales. O que el consumo de marihuana produce daños cerebrales. Si todos los que fabrican alcohol, tabaco y otras sustancias dañinas tuvieran que hacer una lista de los peligros que supone usar sus productos, la etiqueta cubriría las latas, las botellas, los paquetes y los cartones enteros, de arriba abajo.

Pero, a pesar de ello, parece que algunos adolescentes creen que estos problemas de salud inevitables nunca les ocurrirán a ellos. Se dicen: «Yo soy diferente», o: «Puedo controlarlo», o: «Seré la excepción». Incluso si tienen la suerte de posponer dichos problemas de salud durante algunos años, sus vidas siguen corriendo peligro debido a que fumar o beber afectan a su capacidad para conducir vehículos, deteriora su buen juicio y les da una falsa sensación de

---

*Bridget M. Kuehn, «Shift Seen in Patterns of Drug Abuse Among Teens» (Cambios observados en los patrones de consumo de drogas entre los adolescentes), *The Journal of the American Medical Association*, 295-296 (2006): 612-613.

bravuconería que conduce a la violencia, lo que no es cualquier cosa en nuestros días, con la proliferación de pandillas que van armadas.

Si fumar y beber tienen tantas consecuencias negativas, ¿por qué los jóvenes eligen hacerlo? No puede ser que se traguen las letras ridículas de algunas canciones de la radio que, en esencia, dicen: «Sé que esta cosa va a matarme, pero menuda manera de largarse de aquí». Quizá se crean esos anuncios, inteligentes y engañosos, que tratan de convencernos de que la vida no está completa sin el uso de sustancias que normalmente nos hacen vomitar. Quizá se deba simplemente a que los adolescentes tienen dinero para fundirse (estas cosas son caras) o que se engañan a sí mismos creyendo que fumar y beber «no son nada del otro mundo». (Después de todo, ¿es posible que un producto que patrocina a los atletas olímpicos y que se lleva los mejores anuncios de la Super Bowl sea tan malo?). Un adolescente nos dijo una vez: «Me imagino que no debe de ser tan peligroso; si no, no permitirían que fuera legal para los adultos». Ese razonamiento es, evidentemente, la clave para nosotros: estos productos pueden causar daños cerebrales. Parte de nuestra tarea a la hora de ayudar a los adolescentes a superar la adversidad es advertirles acerca de los peligros reales en sus vidas.

Para hacerlo, debemos ir más allá de las advertencias de las etiquetas, que informan a los adolescentes de las consecuencias físicas que provoca el uso de sustancias dañinas, para centrarnos en otra serie de consecuencias, las emocionales y sociales, que nunca se muestran en ninguna etiqueta. Y aun así son tan reales y aterradoras como el cáncer o un accidente de coche. Los padres deben informar a sus hijos de dichas consecuencias, porque las personas que empujan a los adolescentes a probar este tipo de sustancias seguramente no lo harán. Cuando se comunican con amor, estas advertencias pueden pesar más que la presión de sus compañeros para consumir dichos productos dañinos.

Advertencia: beber y fumar te privan de tu capacidad de escoger

Cuando Jerrick trabajaba para una compañía cementera, se dio cuenta de que muchos de sus compañeros hacían muchas pausas de cinco minutos para fumar. Uno de los trabajadores le dijo que fumaba dos paquetes de cigarrillos al día. Explicó que había empezado a fumar porque le tranquilizaba, pero que una vez empezó ya no pudo parar. Había intentado dejarlo muchas veces, sin éxito. Lo que empezó siendo una elección se convirtió en un deseo constante sobre el que no tenía ningún control. Aunque deseaba dejarlo, aquel deseo no era suficiente para romper el dominio que el cigarrillo tenía sobre él. Su hábito de fumar no le libera, como pensaba al principio, sino que le ata.

Los jóvenes deben entender que el derecho a tomar nuestras propias decisiones queda inhibido cuando consumimos sustancias que generan dependencia. Cuando Brad era profesor de sexto, uno de sus alumnos dibujó un póster que ganó un concurso estatal. Aquel alumno simplemente dibujó una mano encadenada en la que los eslabones de la cadena estaban hechos de cigarrillos. La leyenda decía: «Fumar te convierte en un esclavo». Todos los chicos de sexto deben entender este mensaje.

Un adolescente dijo una vez: «Pero puedo parar cuando quiera. Ya lo he dejado muchas veces antes». ¿Acaso se daba cuenta de lo estúpido que sonaba aquello? Si de verdad lo había dejado todas esas veces, ¿por qué seguía fumando?

Otro chico dijo: «No estoy enganchado, puedo dejarlo ahora mismo». Cuando se le retó a hacerlo, duró exactamente veinte minutos.

Advertencia: fumar y beber bajan la autoestima

Después de ganar su segundo campeonato de la NBA, un popular jugador de baloncesto fue fotografiado durante el desfile de la victoria sonriendo junto a sus compañeros y fumándose un enorme y caro puro cubano*. Cuando los adolescentes ven esta imagen, ¿qué piensan? Contemplan a un modelo a seguir, feliz y sonriente, fumando, y piensan que si ellos fumaran también experimentarían la felicidad y el éxito. En realidad, la felicidad proviene del cumplimiento del objetivo deportivo y del duro trabajo realizado para alcanzar ese objetivo, no del cigarro que cuelga de su boca.

---

* «Photos: Miami Heat 2013 NBA Championship Victory Parade» (Fotos: Miami Heat 2013 Campeonato de la NBA, desfile de la victoria). *The Denver Post*, 24 de junio de 2013. http://photos.denverpost.com/2013/06/24/photos-miami-heat-2013-nba-championship-victory-parade/.

Las sonrisas que vemos en los anuncios (por lo general, en los rostros de modelos o deportistas que a menudo evitan los productos que promocionan a cambio de dinero) ciertamente no parecen indicar una autoestima baja. A pesar de ello, la mayoría de los adolescentes que empiezan a beber y a fumar solo están buscando un modo de camuflar una pobre imagen de sí mismos y de encontrar aprobación y aceptación. Aquellos que no se sienten guay, fuertes y populares buscan desesperadamente la forma de parecer guay, fuertes y populares. Es triste que, una vez que el cigarrillo, el porro o las copas se han acabado, la sensación de autoestima se convierte en humo y los jóvenes se sienten tan vacíos como las abolladas latas de cerveza vacías. La confianza no viene en una lata. Proviene de saber que «yo puedo». Los adolescentes (o cualquiera, en este caso) no se van a sentir mejor consigo mismos por encender un cigarrillo. Para ellos, una alta autoestima es resultado del esfuerzo por alcanzar su propio potencial.

Advertencia: beber y fumar disminuyen la ambición

Los adolescentes deben entender que, cuando alguien se concentra tanto en cómo y dónde conseguir el siguiente suministro, o en cuándo será la siguiente fiesta o en cómo evitar a la policía, queda poco tiempo y energía para perseguir objetivos positivos. Las notas empeoran. Las actividades extracurriculares se evaporan. Las buenas oportunidades laborales desaparecen. Los sueños de futuro quedan severamente limitados.

Cuando era profesor de sexto grado, Brad siempre preguntaba a sus alumnos qué querían ser de mayores. Todos soñaban con ser deportistas profesionales, bailarines, estrellas de cine, astronautas, médicos, abogados, profesores, buenos padres y madres. «¡Podéis hacerlo!», les animaba él. «¡Podéis hacer lo que queráis!». Había un chico que le hablaba a menudo acerca de su sueño de convertirse en piloto de avión. Aquel chico hablaba a menudo de volar y se sabía de memoria los nombres de los distintos tipos de avión. Imagínense la tristeza de Brad cuando años después supo que el chico se había enredado en fumar, en beber y en consumir drogas. Al final abandonó la escuela y parece que en el mundo habrá un piloto menos y un sueño más que no se cumplirá. Por otro lado, mientras ayudamos a los adolescentes a evitar el uso de sustancias dañinas, podemos ayudarles a mantener sus ambiciones lo suficientemente altas como para que se conviertan en sueños.

Advertencia: beber y fumar conducen a una espiral descendente

Es raro que sepamos de alguien que beba o que fume sin que eso conlleve otros comportamientos arriesgados con el mismo aliento apestoso. Puede que sean pequeños hurtos en tiendas, mentiras, pornografía, abuso de drogas, actividades con bandas juveniles o elecciones sexuales poco sanas. Otros problemas, tales como la depresión, y en algunos casos incluso el suicidio, pueden ser resultados no deseados de una espiral descendente que empezó con la bebida y el tabaco.

Esta trayectoria descendente aparta a los jóvenes de las personas que los quieren y que podrían ayudarles en mayor medida. Hace poco, un joven conversó con Jerrick acerca de su adicción al alcohol: «En mi familia nadie bebe, pero todos saben que yo sí lo hago. Casi nunca voy a casa porque sé que me juzgan». En realidad, su familia todavía le quiere a pesar de su comportamiento adictivo. No obstante, este joven percibe que le juzgan, y por culpa de esa percepción permanece alejado de las personas que más podrían ayudarle.

Cuando los jóvenes fuman o beben, a menudo se sienten tan cohibidos que pierden el deseo de participar en actividades de grupo. En muchas ocasiones se vuelven retraídos, irritables, se ponen a la defensiva e incluso se muestran hostiles. Quizás una de las peores consecuencias de fumar y beber es que impide pedir ayuda a aquellos que más la necesitan. Son como enfermos que rechazan ir al médico. «Puedo arreglármelas solo» es una frase que los padres oyen una y otra vez por parte de los jóvenes que se apartan cada vez más de ellos, de sus consejeros y de sus profesores, quienes podrían ofrecerles la ayuda y el apoyo que necesitan.

Advertencia: beber y fumar limitan las amistades

Durante la etapa de secundaria, a Jerrick y a un buen amigo suyo les gustaba ir al parque, jugar al baloncesto y volver a casa juntos caminando desde la parada del autobús. Pero las cosas empezaron a cambiar cuando entraron en el instituto.

Su amigo empezó a beber, a fumar y a consumir marihuana. Con sus nuevos hábitos, su actitud empezó a cambiar. Se volvió menos sociable y las actividades que le atraían se fueron volviendo más arriesgadas. Aunque Jerrick deseaba seguir siendo su amigo, el otro chico no lo sentía igual. Los deseos de su amigo habían cambiado. Estaba reemplazando amigos de verdad por sustancias y gente que eran pobres sustitutos a largo plazo.

Los adolescentes necesitan comprender que cada sorbo de cerveza y cada calada de cigarrillo o de porro significan menos individuos brillantes, inteligentes y saludables a quienes llamar «amigos». Muy pronto, los que fuman y beben se ven limitados, no solo por malos hábitos físicos, sino también por la impresión (real o percibida por ellos) de que en su círculo de amigos solo tienen cabida aquellos que comparten sus mismas adicciones.

Advertencia: beber y fumar pueden romper el corazón de los padres

«Es mi vida y es mi cuerpo», decía una joven. «¿A quién le importa lo que yo haga?» Cuando un chico toma una mala decisión, la decepción, la frustración y el fracaso que sienten los padres son abrumadores. Los adolescentes deben saber que el dolor que causarán sus malas elecciones será inmenso para aquellos padres que se toman en serio su papel. Tienen que saber que, para algunos de nosotros, no resulta tan fácil no darle importancia a sus experimentos con sustancias dañinas con frases como: «Son cosas de chicos», o «todos lo hacen» o «quizá sea solo una fase, ya se le pasará».

Todos conocemos el antiguo dicho que reza que cualquiera puede contar las semillas que hay en una manzana, pero nadie puede contar las manzanas que contiene una semilla. Del mismo modo, creemos que los adolescentes deben comprender que, si bien es posible contar los sorbos de cerveza que contiene una lata, es imposible contar las lágrimas que unos padres cariñosos derramarán si sus hijos toman malas decisiones. Es posible pesar la cantidad de tabaco o de marihuana que consuman, pero no se puede pesar el dolor silencioso que sentirán los padres dedicados que ven cómo sus hijos malgastan su futuro.

Es posible dejarlo

Centrarse en las consecuencias emocionales y sociales, así como en las físicas, a la hora de advertir a los adolescentes, es una manera de proporcionarles aprobación para sus elecciones saludables y ofrecerles una motivación continuada para resistir la presión del grupo para beber, fumar e iniciarse en otros comportamientos de riesgo. A pesar de ello, aquellos que tienen dificultades también necesitan oír palabras de esperanza capaces de encender la chispa de un deseo de cambio, de búsqueda de ayuda, de romper malos hábitos y empezar de nuevo. Es posible hacerlo.

Jerrick tiene un amigo llamado Jerry que decidió dejar de fumar. Trabajaba en la construcción y utilizaba los cigarrillos para combatir el estrés que conllevaba su trabajo. Pero se daba cuenta de que era un hábito poco saludable. Había dejado de beber muchos años antes y se sentía seguro de poder dejar de fumar también. Aun así, no importaba con cuánta fuerza lo intentara, llevaba años sin conseguirlo. Al final, su mujer y él decidieron dejarlo a la vez. Lo intentaron con los parches, pero se dieron cuenta de que no solo eran adictos a la nicotina: eran adictos también a mantener sus manos ocupadas sosteniendo un cigarrillo. Todo el tiempo echaban de menos sostener algo entre las manos, así que pensaron en una solución original. Junto a los parches, compraron ramitas de canela que llevaban con ellos todo el tiempo para chuparlas. Poco a poco se fueron dando cuenta de que podían aguantar períodos más largos sin los parches y las ramitas, y ahora ya no los necesitan. Se han liberado por completo de su adicción.

El bisabuelo de Brad, Harry Hale Russell, fue un fumador empedernido hasta su vejez. Era la época en que los hombres llevaban bolsas de tabaco y liaban sus propios cigarrillos. Su mujer estaba muy preocupada, porque, a pesar de sus advertencias y de las de los demás, seguía liando cigarrillos y fumando. De hecho, fumó hasta el mismo día en que prometió dejarlo de una vez por todas. Y hasta allí llegó. Estaba decidido a no volver a consumir tabaco nunca más, y no volvió a hacerlo.

«No fue fácil para él», le contó la abuela de Brad a su nieto cuando era pequeño. «Había fumado durante veinte años». La abuela de Brad recordaba que su padre siempre guardaba una bolsa de tabaco en su cómoda. Cuando sentía la tentación de fumar se quedaba mirando la bolsa y preguntaba para sus adentros: «¿Quién es más fuerte, tú o yo?». La abuela de Brad explicaba: «Mi padre dejó de fumar porque sabía que era lo mejor para él y para su familia. Cuando sabía que algo era lo mejor, se mostraba inflexible».

Un erizo se hace una bola porque entiende e interpreta correctamente las señales de advertencia de los peligros que se aproximan. Elige no exponer su vientre suave a algo que puede acabar dañándolo. Un erizo tiene un instinto que le dice lo que es peligroso, pero los adolescentes necesitan que les enseñen algunos de los peligros del abuso de ciertas sustancias, así como los beneficios que supone no elegir participar en estilos de vida insalubres. Aquellos que deciden no beber o fumar experimentarán maravillosos beneficios en sus vidas. Junto a una mejor salud, podrán sentir emociones, salvaguardar su capacidad de elegir, mejorar su autoestima, perseguir objetivos positivos, ampliar sus amistades, fortalecer los lazos familiares, evitar problemas añadidos y dar felicidad a los demás. Cuando los adolescentes entienden las claves y las ventajas de un estilo de vida saludable, puede que aumente su motivación para hacerse una bola y sacar las púas para protegerse a sí mismos de los peligros de fumar y de beber. A la vez, tomarán decisiones sabias para prestar atención a esas señales de advertencia.

Invitaciones a la acción

¿Cómo puede advertir a los adolescentes de las consecuencias de fumar, beber y otras actividades dañinas? He aquí algunas ideas acerca de las que reflexionar:

- ¿Cómo puede usted comunicar a su adolescente la importancia de hacer elecciones adecuadas? ¿Cómo se las comunicaron a usted de forma eficaz?

- Teniendo en cuenta que tener una imagen de sí mismos positiva ayuda a los adolescentes a resistir la presión de sus compañeros, ¿de qué modo puede ayudar a su adolescente a desarrollar una mejor autoestima?

- Piense en familias que conozca en las que beber y fumar hayan generado tensión en las relaciones entre ellos. ¿Cómo puede ayudar a su hijo adolescente a aprender de dichas experiencias?

- Piense en amigos suyos que a lo largo de su vida le hayan hecho ser mejor persona y en amigos que le hayan hecho ser peor persona. ¿Cómo puede ayudar a su hijo adolescente a ver la importancia de desarrollar y mantener buenas amistades?

- ¿Cómo puede apoyar a alguien que está luchando contra una adicción? Si se trata de su adolescente, ¿de qué formas puede apoyar su decisión de abandonar dicha adicción?

Capítulo 8:

Aprendiendo de los errores

Lo crean o no, algunos tejados no son tan firmes como parecen. Cuando trabajaba en la construcción, Jerrick aprendió la lección por las malas.

En una ocasión en la que estaba en su casa durante las vacaciones de verano de la universidad, Jerrick se empleó en un trabajo de demolición. El trabajo parecía bastante sencillo (y divertido): tirar abajo algunas zonas de una casa como paso previo a una gran reforma. Quizá fue por la relativa simplicidad del trabajo o quizá fue por su necesidad de ganar un dinero extra, pero, fuera cual fuera la razón, el caso es que decidió hacer casi todo el trabajo él solo.

Había un porche cubierto en el jardín trasero que había que demoler. El tejado de aquel porche se había construido utilizando madera de contrachapado y piezas de madera de 2 × 6 pegadas al tejado principal con una capa de tejas encima. Aquel tejado tenía cincuenta años, así que su integridad estructural no era la más deseable. Digamos que hoy en día no hubiera superado ninguna inspección.

Jerrick decidió subir al tejado y tirar abajo aquel tinglado tan particular. Lo recuerda así: «Recuerdo que pensé que debía tener cuidado. El tejado parecía bastante sólido, pero era viejo, y nunca se sabe lo que puede pasar. Traté de asegurarme de pisar solo en los lugares donde había piezas de 2 × 6 que pudieran soportar mi peso, pero debí de equivocarme con una. Estaba agachándome para empezar a arrancar aquellas tejas, cuando de pronto el tejado cedió justo debajo de mí. Me caí, pero logré sostenerme apoyándome en las axilas y tiré de mí mismo hacia arriba. Me arañé completamente las espinillas y los costados con la caída y al tratar de subirme luego al tejado».

Robert Burns dijo una vez: «Hasta los planes mejor trazados de los ratones y los humanos a menudo se tuercen»*. A pesar de que Jerrick planeó tener cuidado, las cosas salieron mal. En las vidas de los adolescentes, a veces sus mejores objetivos y aspiraciones no se cumplen. A veces dan un mal paso y se caen. ¿Qué sucede en situaciones así? ¿Cómo podemos ayudar a nuestros adolescentes a aprender de los objetivos que no alcanzaron? ¿Cómo podemos ayudarles a aprender de sus errores? Estas no son cuestiones sencillas, y las respuestas varían de un adolescente a otro, pero podemos enseñarles a buscar lecciones positivas, a aceptar su responsabilidad, a mantener una actitud positiva y a redirigir sus objetivos.

---

* Robert Burns y Allan Cunningham: *The Complete Works of Robert Burns: Containing His Poems, Songs and Correspondence* (Las obras completas de Robert Burns: poemas, canciones y correspondencia) (Charleston, SC: Nabu Press, 2010).

En busca de lecciones positivas

Las experiencias negativas no tienen por qué llevar asociadas lecciones negativas. De hecho, es con las experiencias negativas con lo que a menudo los adolescentes pueden aprender lecciones positivas.

Mucha gente desea tener perros, gatos o hámsteres como mascotas. No es el caso de Jerrick. Vale, un perro es su primera opción para una mascota, pero a su mujer y a él les encantan los cerdos enanos o cerdos tacita de té. Desgraciadamente, estos adorables cerdos son caros y no muy adecuados para un apartamento, aunque ya se sabe que soñar es gratis. Quizás algún día consigan ver a un cerdo enano de cerca; a pesar de ello, hay un tipo de *cerdo* al que Jerrick no quiere volver a ver jamás: la gripe porcina.

Tras celebrar el cumpleaños de un amigo con una cena en un restaurante mexicano, Jerrick se dio cuenta de que estaba temblando y tenía un poco de frío. Eso era bastante común en él. A menudo Jerrick coge frío en lugares públicos, especialmente en los restaurantes. Pero lo de aquella vez era inusual. Los temblores aumentaron cuando aparcó en el camino de entrada a su casa. Una vez allí, ni siquiera su cálida cama pudo detener los temblores. Jerrick luchó contra aquellos temblores toda la mañana, pero le ganaron el pulso. Se despertó de un sueño sin descanso con un sudor frío sobre la frente y con los pies y las manos ardiendo. Supo que necesitaba ayuda.

Jerrick pasó los siguientes días frente a su chimenea, acurrucado en un cómodo sillón mirando por la ventana el río

Columbia, en el este de Washington. En otras circunstancias, aquello hubiera sido muy relajante, pero por desgracia también pasó los siguientes días esperando que los cuarenta grados de fiebre que tenía cedieran. En lugar de disfrutar de una estupenda manzana Washington con limonada, tumbado al sol en un bonito día de otoño, se sentó, regodeándose con el aroma almizclado que suele tener una persona enferma en cuarentena, tomando ibuprofeno extrafuerte con agua y comiendo galletas saladas. Ahí estaba él, un joven de veinte años, por fin viviendo por su cuenta, lejos de sus padres, experimentando la libertad con la que había soñado, y todo lo que podía pensar era en lo mucho que necesitaba a su madre.

Después de tres días con una fiebre que alcanzaba niveles alarmantes, su médico recomendó que, si la temperatura no cedía al cabo de un día, Jerrick fuera al hospital. Afortunadamente, la fiebre cedió aquella noche, y por fin dejó de sudar. A sabiendas de que Jerrick ya tenía un poco más de energía, uno de sus amigos fue a visitarlo y aquella noche jugó con él a varios juegos de mesa, a riesgo de enfermar él también. Aunque los juegos le cansaron, Jerrick se sintió muy agradecido de que su amigo hubiera entrado en la zona de cuarentena para proporcionarle diversión y una más que deseada interacción humana. Rememorando la experiencia ahora, Jerrick recuerda más la compasión que recibió por parte de su amigo al venir y pasar tiempo con él que la fiebre. Durante aquella experiencia horrible y negativa con la fiebre porcina, aquel amigo enseñó a Jerrick que ser un amigo de verdad requiere de altruismo, bondad y algunos juegos de mesa.

Al igual que Jerrick, nuestros adolescentes pueden aprender lecciones positivas de sus experiencias negativas. Como padres, podemos ayudarles en este proceso al compartir con ellos cómo nosotros aprendimos de nuestras experiencias, errores u objetivos fracasados. Los adolescentes aprenderán cómo encontrar las lecciones positivas de su propia vida al ver cómo otros han hecho lo mismo.

Aceptar la responsabilidad

Cuando se cometen errores o los objetivos no se cumplen, podemos enseñar a los adolescentes a asumir su responsabilidad por las elecciones que les condujeron a dichos errores u objetivos no cumplidos en vez de culpar a otros.

Un nuevo profesor de noveno grado explicó que algunos de sus alumnos tenían la siguiente creencia: «Si no aprueban, creen que es por mi culpa. Piensan que les suspendí. En realidad, no trabajaron lo suficiente para conseguir la nota que deseaban. No aprovecharon la ayuda que estaba dispuesto a darles, y no me quedaba otra opción que suspenderles».

La actitud de culpar a los demás no se da en todos los adolescentes, pero sucede más a menudo de lo que debería. Podemos enseñar a los adolescentes la importancia de asumir la responsabilidad haciendo nosotros lo mismo.

Durante un viaje en familia, pararon al padre de Jerrick por exceso de velocidad. El policía se acercó a la ventanilla del asiento de pasajeros y le preguntó a su padre: «¿Sabe por qué le he hecho detenerse?». El padre de Jerrick respondió:

«Sí, iba demasiado deprisa». No ofreció ninguna excusa, como por ejemplo que la familia estaba llegando tarde a una cita y necesitaba ganar tiempo, o que los niños estaban de mal humor y quería llegar más rápido a su destino, aunque ambas cosas eran ciertas. Su respuesta no fue sarcástica ni mordaz. Simplemente asumió la responsabilidad por sus acciones, y, al hacerlo, dio ejemplo a sus hijos.

Aceptar la responsabilidad por nuestras acciones es un poco como comprarnos nuestro propio juguete. Un niño tendrá más cuidado con los juguetes que se compró con su propio dinero que con los que le dieron los demás. De forma parecida, cuando los adolescentes asumen la responsabilidad por sus acciones, se hacen dueños de ellas y aprenden más sobre ellas de lo que lo harían si les permitiésemos echarle la culpa a otro.

Mantener una actitud positiva

Conocemos a una mujer que tenía como objetivo casarse y formar una familia. A pesar de que tuvo citas, conoció a muchos hombres maravillosos y tuvo experiencias extraordinarias, los astros todavía no se han alineado y sigue soltera y sin una familia propia. Ahora tiene unos sesenta años. Todavía podría casarse algún día, pero sabe que, siendo realista, las probabilidades están en su contra. Pero, en lugar de deprimirse o tener envidia de otras personas que tienen sus propias familias, mantiene una actitud positiva.

Esta mujer trata a sus sobrinos y sobrinas como si fueran sus propios hijos. Se los lleva de viaje, acude a sus actividades extraescolares y muestra un interés genuino por sus vidas escuchándolos, dándoles apoyo y queriéndolos. No ha permitido que su objetivo no cumplido le arrebatara la alegría de vivir. En lugar de eso, ayuda a los demás y mantiene una actitud positiva.

Jerrick tiene una hermana de dieciocho años. La han operado dos veces de la rodilla, una del tobillo y en una ocasión se sometió a cirugía cerebral, todo ello en la época del instituto. Tiene problemas de salud recurrentes que limitan de forma severa su calidad de vida. En lugar de experimentar el gozo de ser independiente que una adolescente siente cuando se saca el carnet de conducir, se ha convertido en una persona dependiente de una silla de ruedas para su movilidad. En lugar de anotar en la agenda las fechas de los siguientes bailes o fiestas de fin de curso, anota las visitas médicas o las sesiones de fisioterapia. Y aun así, nunca la escucharán quejarse. Por supuesto que tiene días malos, pero son pocos y están muy distanciados en el calendario.

La hermana de Jerrick puede mantener una actitud positiva gracias al apoyo de sus amigos y su familia. Su hermana pequeña y su sobrina la animan cuando tiene un día duro. Cuando está luchando por soportar el dolor, sus amigos vienen y le hacen compañía. Sus padres y sus hermanos están siempre ahí dándole apoyo y hombros sobre los que apoyarse, física y emocionalmente.

Jerrick recuerda una ocasión en la que regresó a casa de sus padres para visitarlos durante las vacaciones. Su hermana acababa de someterse a una doble cirugía de rodillas y no podía doblar las piernas. Estaba en silla de ruedas y necesitaba ayuda para desempeñar incluso las tareas más básicas. Un día su padre y él llevaron a su hermana al baño para que pudiera ducharse. La ducha estaba adaptada y era lo suficientemente grande como para que su hermana pudiera sentarse. Jerrick y su padre pusieron la silla cerca de la mampara de cristal junto a la ducha y se colocaron en sus posiciones habituales para levantar a su hermana de la silla y sentarla en la ducha. El padre de Jerrick levantó a la chica por las axilas mientras Jerrick le levantaba con cuidado las piernas para que las rodillas no se doblaran. El padre de Jerrick caminó hacia la ducha, y, mientras Jerrick le seguía, su padre golpeó accidentalmente el mando de la ducha, con lo que un chorro de agua congelada salió de la ducha y dio de lleno en el pecho de Jerrick. ¡Fue un milagro que no dejara caer las piernas de su hermana mientras el agua fría le congelaba hasta los huesos!

Después de que cerraran el grifo, se echaron todos a reír, incluida la hermana de Jerrick. Durante las vacaciones, su hermana se reía a menudo sin razón. Cuando le preguntaban por qué se reía, contestaba: «Oh, es que estaba pensando en la cara de Jerrick cuando le cayó encima el agua fría». La hermana de Jerrick utilizó esta experiencia divertida para mantener una actitud positiva durante semanas.

Los adolescentes pueden aprender a seguir tales ejemplos. Pueden aprender a encontrar el humor en el que apoyarse y que les permita mantener una actitud positiva. Más importante aún, podemos ofrecerles apoyo y estímulo cuando luchan por mantener una actitud positiva. Nuestro apoyo, y el apoyo de sus amigos y de otros miembros de la familia, pueden ayudarles a sostenerse.

Reajustar objetivos

Cuando un objetivo no se cumple, los adolescentes deben comprender que no todo ha terminado. A menudo, un objetivo debe volver a evaluarse, replantearse e incluso modificarse para hacerlo más factible.

Brad nunca ha sido un gran golfista. Jerrick, en cambio, tomó clases de golf en secundaria, y desde entonces le encanta. Cada vez que tiene un mal día en el campo (lo que sucede bastante a menudo), piensa en Kevin Na. El jugador profesional de Corea del Sur estaba teniendo un buen día en el Open Valero Texas hasta que llegó a un hoyo funesto, el número nueve (un par 4). En el mundo del golf, un jugador golpea para conseguir la menor puntuación, que se corresponde con el número de swings que necesita para meter la pelota de golf en el hoyo. Para superar aquel hoyo en particular se suponía que hacían falta solo cuatro golpes, pero Na necesitó dieciséis. Con su primer golpe la mandó al bosque, y el resto fue una pesadilla. Fue la peor puntuación jamás registrada por la Asociación de Golfistas Profesionales de América (AGPA) en un par 4.

Na se tomó aquella debacle con calma. Sonrió y bromeó una vez que superó el hoyo, y un año después apareció en el mismo torneo y se llevó una motosierra a aquel bosque que lo había tenido cautivo durante tantos golpes. Na hizo algunos ajustes, reajustó sus objetivos y ganó su primer torneo de la AGPA solo seis meses después*.

---

* Jeff Shain, «Golfer Na Takes Revenge for 16 with a Chainsaw» (El golfista Na se venga por los 16 con una motosierra), *Chicago Tribune*, 18 de abril, 2012.

Podemos enseñar a los adolescentes a seguir el ejemplo de Kevin Na, y, así, reajustar sus objetivos. El hecho de que Na fracasara al no alcanzar su objetivo de ganar el Open Valero Texas no significaba que hubiera fracasado en el golf. Tan solo necesitaba seguir practicando para refinar sus habilidades. Finalmente, la práctica obtuvo resultados. El hecho de que los adolescentes puedan no alcanzar sus objetivos en cierto momento no significa que no lo consigan en el futuro.

A menudo, los adolescentes creen que cambiar sus objetivos es un signo de debilidad. En realidad, cambiarlos y reajustarlos es una señal de madurez. Si nosotros ajustamos y redirigimos nuestros objetivos continuamente, nuestros adolescentes aprenderán que es correcto hacer lo mismo.

Cuando un erizo se hace una bola, puede que nos pellizque un dedo con las púas por culpa de que nos hemos mostrado demasiado ansiosos por abrazarlo sin darle tiempo a calmarse lo suficiente como para que se deje agarrar. Debemos ser pacientes y aprender de nuestro error. Aunque los adolescentes tropiecen y no alcancen sus objetivos, aún pueden aprender lecciones importantes y crecer en momentos de pocas satisfacciones. Como padres, podemos enseñar a los adolescentes a aceptar responsabilidades, a mantener una actitud positiva y a replantearse sus objetivos de vez en cuando. Las lecciones y las cualidades que los adolescentes aprenden cuando fracasan pueden ayudarles a la hora de luchar por el éxito.

Invitaciones a la acción

¿Cómo puede ayudar a los adolescentes cuando estos no cumplen sus objetivos? He aquí algunos apuntes que podrían cambiarlo todo:

- ¿Qué lecciones positivas aprendió cuando fracasó en el cumplimiento de sus objetivos? ¿Cómo puede enseñar a su adolescente la importancia de buscar lecciones positivas?
- ¿Hace responsables de sus decisiones a los adolescentes? En su familia ¿cómo se relacionan las obligaciones con la responsabilidad?
- ¿Qué estrategias usa para ayudarse a usted mismo a mantener una actitud positiva? ¿Podrían ser de ayuda esas mismas estrategias para su adolescente? ¿Qué modelos a imitar admira usted?
- ¿Cómo puede ayudar a su adolescente a evitar el desánimo cuando sus objetivos se ven perturbados?

Trabajar la autoestima

«Con ambas manos, levántelo por la barriga, que está cubierta de pelo y no de púas. Déjelo que le explore y se sienta más cómodo con usted.»

Un erizo se siente más cómodo a medida que gana confianza y empieza a confiar en usted. Los adolescentes también necesitan ganar confianza, no solo en los demás, sino también en sí mismos. Necesitan sentirse más cómodos con los demás, y para ello deben sentirse a gusto consigo mismos. Hay cuatro claves útiles que podemos enseñar a nuestros jóvenes cuando se esfuerzan por desarrollar una autoestima saludable: reconocer la diferencia entre valía propia y autoestima; desarrollar hábitos que les permitan sentirse bien consigo mismos; actuar hacia las personas y las circunstancias en lugar de reaccionar ante ellas, y encontrar aceptación social cultivando las amistades.

Capítulo 9:
Reconocer la propia valía

«Son muy bonitos», dijo la mujer, casi sin pensarlo, mientras abría el regalo cuidadosamente envuelto por su marido y extraía un par de pendientes de diamantes que hacían juego con su anillo de boda. Sin reconocer su gran valor, le dio las gracias con poco entusiasmo.

Su marido, ignorante de la falta de interés de su mujer por aquel regalo, estaba radiante al ver a su mujer tan complacida. En una ocasión, ella había mencionado que le gustaría tener aquel par de pendientes. Él había ahorrado un poco cada mes durante años para comprarlos. El problema era que su mujer, creyendo que era imposible que el marido se pudiera permitir pagar diamantes de verdad, pensó que eran zirconitas, un material sintético que se parece a los diamantes de verdad pero que es más barato.

Durante los meses que siguieron, la mujer se puso los pendientes sin prestarles mucha atención. No tenía cuidado cuando se los ponía ni cuando se los quitaba, y al final acabó por perder uno. Cuando se lo dijo a su marido, él se preocupó mucho. Solo entonces ella se dio cuenta de que los diamantes eran de verdad. El valor de las piedras nunca cambió. Lo que había cambiado era el aprecio que les tenía.

Del mismo modo, es esencial que los adolescentes se den cuenta de que, sin importar cuánto se aprecien a sí mismos en el momento presente, su valía es extraordinaria. Eso es algo que nunca cambia.

Muchos de los seminarios y programas escolares de formación sobre autoestima se quedan a medias si no conducen a sus participantes de la autoestima del pasado a la valía propia del presente. Una de las mejores formas de conectar con los adolescentes es ayudarles a darse cuenta de su gran valía.

Fuentes internas y externas de autoestima

Existen fuentes de autoestima externas e internas. Externamente, los adultos debemos darnos cuenta de que la autoestima no es tanto algo que le damos a alguien como algo que debemos dejar de arrebatar. Internamente, los adolescentes deben darse cuenta de que su valía nunca cambia, sin importar cómo les traten los demás. Como sucede con los diamantes, aunque su autoestima se desmorone, su valor sigue siendo extraordinario.

La verdadera autoestima es la medida de nuestro potencial como seres humanos. Proviene de cada uno de nosotros de forma individual a medida que nos conocemos a nosotros mismos. Los adolescentes necesitan darse cuenta de que son únicos y poseen gran valía para los demás y para ellos mismos. Su autoestima se verá incrementada a medida que descubren su valor.

Una joven que conocemos tuvo problemas de autoestima durante sus años de adolescencia. Le dijo a Brad: «Menganita y Fulanita me dijeron que estoy demasiado gorda, y la otra y la de más allá me dijeron que no soy divertida. No soy tan guapa ni popular como mi mejor amiga. Ningún chico me ha propuesto una cita jamás».

Brad le preguntó: «¿Has ido alguna vez a la casa de la risa para ver los espejos?».

«Sí», dijo ella, «pero ¿qué tiene eso que ver?»

Él explicó: «Esos espejos distorsionan la verdad. Si nos creemos que la imagen de nosotros mismos que vemos en ellos es verdad, podríamos tener problemas. ¿Te imaginas cómo sería peinarte o maquillarte con uno de esos espejos? Sucede lo mismo con la autoestima. Usar los ojos de otras personas como tus únicos espejos puede darte una visión distorsionada».

Los adolescentes deben aprender que lo que los demás piensen o digan acerca de ellos es una fuente de información, pero no puede ser la única.

El escritor George D. Durrant dijo: «Lo que los demás piensen de mí ya no es la fuerza impulsora que fue una vez». Es a ese punto al que todos debemos llegar: hacer que la autoestima sea menos externa (basada en lo que digan los demás y su influencia) y más interna (basada en lo que nos decimos a nosotros mismos y nuestra influencia en nosotros mismos).

Brad solía enseñar a chicos de sexto grado antes de dedicarse a la enseñanza universitaria. Él sabe que, después de las reuniones entre padres y profesores o de las jornadas de puertas abiertas, a menudo la gente se acerca a los profesores y les dice algo amable. Un espectador ocasional podría preguntarse si esos elogios son la fuente de autoestima de los profesores. Lo que ese espectador no ve u oye son los comentarios envidiosos de otros miembros del claustro o las cartas hirientes que en ocasiones envían los padres, criticando incluso los esfuerzos más sinceros de esos profesores que trabajan en un ámbito tan público. No oyen los comentarios maliciosos o las observaciones cortantes de algunos estudiantes. Para los profesores cuya única fuente de autoestima es lo que digan los demás, dichos comentarios negativos podrían conducir a su dimisión.

A pesar de ello, la mayor parte de los profesores hace lo que hace por motivos internos, esto es, para servir a los demás y hacer que las cosas cambien. Esta motivación aporta equilibrio. Da igual cuánta gente exprese alabanzas después de una jornada de puertas abiertas si el profesor no se siente satisfecho con su propósito y su trabajo. Por otro lado, algunos pueden criticar a un profesor o encontrarle fallos, pero eso no será el fin del mundo si el profesor está genuinamente satisfecho con lo que ofrece. Al igual que los profesores, los adolescentes pueden ser conscientes de su propia valía sin importar cómo los demás elijan apreciarlos.

Reconocer el valor individual

Un modo excelente de ayudar a los adolescentes a ser conscientes de su valor como individuos es involucrarlos en servir a los demás. Un líder de la juventud le dijo una vez a Brad: «Los jóvenes con la autoestima baja están en un ciclo descendente. Servir a los demás es lo que rompe ese ciclo. Al estar ocupados sirviendo, animando y sanando a los demás, ni siquiera se dan cuenta de que se están ayudando a sí mismos».

En su libro *Lighten Up!*, Chieko Okazaki escribió: «En la actualidad oímos hablar mucho de la autoestima. La autoestima, el tipo de autoestima que de verdad importa, proviene de una relación personal con los demás. No de una relación de segunda mano basada en escuchar a alguien hablar sobre nosotros, sino de una relación personal basada en conversar, experimentar el amor de los demás y servirles*». Cuando cultivamos en los adolescentes una sana preocupación por los demás, disminuimos los efectos de su insana preocupación por sí mismos.

Cuando era adolescente, la madre de Jerrick se mudó desde un pequeño pueblo de Idaho a Las Vegas, Nevada. El instituto que le tocaba por zona tenía más estudiantes que habitantes tenía su pueblo, y la idea de tener tantos compañeros la intimidaba. Estaba preocupada, como cualquier persona en un nuevo entorno, por hacer amigos y encajar en su escuela. En lugar de querer ser popular con los deportes o compitiendo con los demás por ser la mejor vestida, o incluso despreciando a los demás en un intento de parecer interesante, eligió centrarse en ser constructiva y animar a los demás. Cada día hacía un esfuerzo consciente por conocer los nombres de la gente. Cuando se cruzaba

---

* Chieko Okazaki: *Lighten Up!* (Salt Lake City: Deseret Book, 1993)

con alguien por el pasillo, le saludaba por su nombre. Era su humilde modo de mostrar que los otros le importaban, y, como le importaban los demás, estaba menos centrada en sí misma. Como consecuencia, la gente que se encontraba en los pasillos y en clase estaba segura de que la madre de Jerrick realmente se preocupaba por ellos, y querían ser sus amigos.

Jerrick recuerda la vez en que decidió presentarse a unas elecciones estudiantiles. Mientras le ofrecía consejo y ánimo, su madre le dijo: «Tú solo saluda a la gente por los pasillos por su nombre y muéstrate de verdad interesado por ellos. Te votarán cuando vean que estás pensando en ellos». Aquella filosofía funcionó con Jerrick como lo había hecho con su madre. Al mismo tiempo que las relaciones con sus compañeros se hacían más profundas, su confianza también crecía. Se centraba menos en las imperfecciones que percibía de sí mismo al centrarse más en sus relaciones con los demás.

Brad pasó una mala época en secundaria. Un chico que no tiene cualidades para jugar bien a baloncesto a menudo lo pasa mal en la escuela primaria y ya en la secundaria agoniza. Los estudiantes de su escuela secundaria provenían de distintas escuelas primarias, y muchos de los que se sentían inseguros se metían con los demás.

De algún modo, en aquella confusión, Brad acabó en la parte más baja del orden jerárquico. Cada día tenía que enfrentarse a amenazas, rechazo y críticas hirientes por parte de sus compañeros de clase. Una vez encasillado en este papel, nada de lo que hacía funcionaba. Si intentaba hablar y mostrarse amistoso, se reían de él. Si no lo hacía, pasaba lo mismo de todos modos. Odiaba el dolor y el sufrimiento que sentía, pero, y esa es la clave, dentro de todo, no se odiaba a sí mismo.

Brad siempre sintió que no le conocían. Gracias a las alabanzas, la aceptación y el apoyo que recibía de sus padres y de sus primos, Brad se gustaba a sí mismo. Gracias a que sabía que era valioso, se valoraba. El hecho de no gustar a los chicos de su nueva escuela no era para él la prueba de que era una mala persona. Más bien era la prueba de que no le conocían.

A medida que Brad y sus compañeros fueron creciendo y madurando, acabaron por conocerse mejor. Brad era extraordinario ayudando a los demás, y sus esfuerzos le comportaron aceptación. La autoestima de Brad había sido puesta a prueba, pero, gracias al conocimiento que poseía de su verdadera valía, pudo capear la tempestad. Gracias a que le importaba más ser un amigo para los demás que encontrar amigos para sí mismo, se centró en el exterior y encontró aceptación.

Quiénes son los adolescentes en realidad

Lo mejor que podemos hacer para ayudar a la gente joven a mejorar su autoestima es ayudarlos a descubrir quiénes son en realidad. De este modo descubrirán su propia valía, y, cuando la conozcan, su autoestima se incrementará.

Mientras uno de nuestros amigos concluía un seminario de autoestima que había impartido, un hombre se acercó a la parte delantera de la sala y pidió: «¿Puedo decir algo?». Nuestro amigo le acercó el micrófono y aquel hombre contó esta historia:

Cuando tenía ocho años me encantaba el béisbol. Tenía los cromos de todos los jugadores. Mi padre ahorró un dinero para enviarme a un campamento de béisbol dirigido por un jugador estrella.

El primer día, aquel famoso que dirigía el campamento, que era algo engreído, sacó una lista de nombres y preguntó: «¿Dónde está Esteban?». Mi nombre se pronuncia con f en lugar de con b. Lo había pronunciado mal a propósito.

Me encogí cuando todos empezaron a reírse.

El entrenador continuó llamándome: «Esteban, ¿estás aquí? ¡Hola, Esteban!».

Me sentía cada vez peor. Todos se reían. Fue la peor experiencia de mi vida hasta aquel momento. Cuando llegué a casa le dije a mi padre que nunca más jugaría al béisbol.

Mi padre era un hombre sabio y esperó unos cuantos años. Entonces, un jugador retirado llegó a la ciudad y comenzó una liga infantil. Papá hizo un aparte con el entrenador y le dijo: «A mi hijo le encanta el béisbol, pero tuvo una mala experiencia con un entrenador». Y le contó toda la historia.

El nuevo entrenador dijo: «Envíemelo para las pruebas».

Entré en el equipo con dificultades, pero a medida que la temporada avanzaba mejoré. Y entonces suce-

dió que, durante un partido, el equipo estaba en una situación de vida o muerte. Las bases estaban ocupadas y era mi turno para batear. Pensé que el entrenador iba a sacar a un bateador emergente en lugar de a mí, pero no lo hizo. Se acercó, me rodeó con su brazo y dijo: «Stefan, puedes hacerlo. Soy tu entrenador y estaré contigo todo el tiempo. Puedes hacerlo».

Me dirigí hasta la plataforma y el lanzador lanzó la bola. No la saqué de la cancha, pero le lancé una bolea tan profunda al centrocampista que permitió que el corredor de la tercera llegara a la base. Nuestro equipo ganó el partido.

Debemos ayudar a los adolescentes a ignorar las voces denigrantes de quienes les rodean y a escuchar su voz interior, la voz que les dice: «¡Puedes hacerlo! Sabes que puedes». En esos momentos vislumbran quiénes son en realidad, y alguien que ha tenido esta visión no volverá a ser el mismo.

El piloto de la estufa de gas de Jerrick se estropeó hace poco. Para ponerla en marcha, Jerrick tenía que usar un encendedor que prendiese la llama. Los adolescentes son como esa estufa. Esa voz en su interior, la voz que les dice que pueden conseguirlo, puede apagarse ocasionalmente por culpa de las voces degradantes que la rodean. Cuando eso sucede, debemos convertirnos en sus encendedores y darles apoyo positivo hasta que vuelvan a oír esa voz interior.

¿Cómo saber si te estás ganando la confianza de tu erizo? A veces, aun después de que hayas conseguido agarrarlo, puede hacerse una bola. La clave en esta situación es ¡no tener miedo! Después de unos minutos, el erizo se desenrollará y comenzará a explorar, y será entonces cuando sabremos que estamos en el camino hacia una relación de confianza.

¿Cómo pueden los padres saber si los adolescentes están ganando confianza en sí mismos? Si los adolescentes empiezan a servir a los demás y a cultivar una preocupación saludable por los otros; si empiezan a disminuir los efectos de los sentimientos negativos hacia sí mismos, y si se aceptan a sí mismos al empezar a comprender su valía única e individual, sabremos que los adolescentes están en el buen camino hacia un conocimiento sano de quiénes son realmente. Con los erizos y con los adolescentes, nuestros pacientes esfuerzos valen la pena. Nuestros hijos adolescentes pueden llegar a reconocer su extraordinaria valía y potencial.

Invitaciones a la acción

¿Cómo puede ayudar a los adolescentes a reconocer su propia valía? He aquí algunas ideas sobre las que pensar:

- ¿Por qué razones puede que usted tuviera baja autoestima en su adolescencia? ¿Cómo puede ayudar a su hijo adolescente el hecho de que usted comparta con él sus experiencias?

- ¿Cómo pueden usted y su adolescente iniciar alguna actividad de servicio a los demás significativa?
- Piense en algún momento en el que reconoció la extraordinaria valía de su hijo. Cuéntele dicha experiencia. ¿Cómo puede seguir expresando su fe en el potencial de su hijo?

Capítulo 10:

Ayude a los adolescentes a desarrollar una buena imagen de sí mismos

Hacia el final de octavo curso, el club de ciencia de la escuela secundaria de Jerrick participó en una competición estatal. Dos amigos y él fueron escogidos para representar a la escuela. Tenían que ofrecer una presentación con sus ideas para crear una infraestructura urbana respetuosa con el entorno, y a continuación participar en una sesión de preguntas y respuestas. Aunque estar delante de tanta gente daba miedo, así como no saber qué preguntas iban a hacerles, Jerrick y sus amigos lo hicieron bien. Su escuela lo hizo mejor que nunca aquel año, y aquello ayudó a que los presentadores se sintieran especialmente bien con su trabajo.

Cuando unos meses después Jerrick y sus amigos entraron en el instituto, descubrieron que, después de las clases, los chicos populares no perdían el tiempo en las aulas de ciencia. A los tres presentadores les seguía gustando la ciencia, pero por culpa de la presión de sus compañeros escogieron seguir por caminos distintos en el instituto. Aunque al acabar la secundaria tenían la autoestima bien alta, todos tuvieron que luchar contra su baja autoestima durante el período de adaptación al instituto.

La lucha de una de estas adolescentes contra la baja autoestima fue muy difícil. Como era tan inteligente, empezó a ser el blanco del acoso de otros estudiantes. También se metían con ella a causa de su peso. Poco a poco, dejó que las percepciones de los otros empezaran a afectar a la imagen que tenía de sí misma. Empezó a pasar tiempo con otras personas, a consumir drogas y alcohol y a saltarse las clases. Como no dejaba de meterse en problemas, al final la cambiaron a otro instituto. Tristemente, aquella joven brillante no fue capaz de estar a la altura de su potencial. Estuvo más cerca de ello en la secundaria de lo que lo está hoy en día.

Para que los adolescentes tengan una autoestima elevada, necesitan desarrollar una imagen de sí mismos positiva. Eso no quiere decir que tengan que ajustarse al estándar de perfección de los medios de comunicación, de hecho no deberían hacerlo, pero tienen que sentirse cómodos consigo mismos. Al ayudarles a entender la diferencia entre la realidad y el ideal, a cuidar del bienestar de su cuerpo, a abandonar el hábito poco saludable de compararse con los demás y a adoptar hábitos saludables en su lugar, los adolescentes pueden empezar a cosechar los beneficios de tener una autoestima elevada.

La realidad versus el ideal

Uno de nuestros pasatiempos favoritos es ver películas en familia. Cuando vemos una película, como público se nos pide que dejemos la realidad en suspenso por un tiempo y que entremos en el mundo mágico de la película. Donde esto se hace más evidente es en la popular serie de películas de Disney y Pixar, *Toy Story*.

En *Toy Story*, los juguetes de Andy cobran vida siempre que él u otros humanos no andan cerca. Los juguetes viven muchas aventuras y hacen nuevas amistades, a la vez que se ayudan entre sí a superar sus problemas. Por supuesto, todos sabemos que los juguetes no cobran vida en la realidad, pero los niños más pequeños a menudo lo creen. A la hermana pequeña de Jerrick le pasa, y Jerrick incluso admite que cuando era niño solía fingir que sus caballeros de juguete podían hablar. Brad solía tener marionetas que en su mente de niño parecían gente de verdad.

Los niños crecen y comienzan a distinguir entre la ficción y la realidad, lo que no es real y lo que sí. A pesar de ello, los adolescentes a menudo experimentan dificultades para distinguir entre lo real y lo ideal, las realidades de la vida versus los ideales a los que constantemente se ven expuestos a través de las revistas, las películas, Internet y los medios de comunicación. Como padres, debemos jugar con nuestros hijos y estimular su imaginación durante la infancia, pero debemos ayudar a los adolescentes a distinguir entre lo real y lo ideal.

Un padre que conocemos describe lo real versus lo ideal de la siguiente manera: «Cuando vemos una película solo vemos una parte de la ecuación. Cuando intentas pensar en 360 grados descubres todo lo que hay en la película: los decorados, las cámaras, los directores, las tomas descartadas, el maquillaje, los dobles profesionales. Los adolescentes deben pensar del mismo modo acerca de sus vidas. Ante la foto perfecta de una preciosa modelo en Internet, deben ser capaces de ver la imagen completa: los peluqueros, los maquilladores, los expertos en Photoshop… De esa manera, verán la realidad de la imagen ideal (e irreal)».

Al ayudar a los adolescentes a darse cuenta de que solo están viendo una parte de la imagen, cuando alguien les presente un ideal entenderán que es poco sano y peligroso esperar ajustarse al mundo de ficción de los medios de comunicación. Los niños maduran cuando se dan cuenta de que sus juguetes no tienen vida propia. La autoestima de los adolescentes también madura cuando se dan cuenta de que está bien ser real y no ajustarse a un ideal imposible.

Bienestar físico

En una noche de marzo especialmente fría, Jerrick y su compañero de habitación, Chris, decidieron ir a hacer unas canastas a una pista descubierta iluminada que quedaba cerca de su apartamento. Ambos acababan de dejar atrás una semana muy ocupada y necesitaban relajarse desesperadamente. Un intenso uno contra uno parecía el remedio perfecto para tal situación.

Con una espalda dolorida, un labio hinchado y tras un par de horas de intenso ejercicio, decidieron dejarlo (para consternación de Jerrick, que quería tomarse la revancha con desespero después de que Chris le ganara bastantes veces). Volvieron a casa caminando, haciendo bromas y divirtiéndose mientras intentaban hablar, pues tenían la boca entumecida por el frío.

Después de una larga ducha caliente, Jerrick todavía estaba temblando. «Creo que estoy pillando un resfriado», le dijo a Chris. «Me voy a meter en la cama temprano».

«Venga ya», bromeó Chris, «lo que pasa es que te sientes mal porque te he dado un montón de palizas en la cancha».

Jerrick le siguió el juego: «Sí, eso es. Seguro que me encontraré mejor mañana por la mañana cuando haya olvidado esta noche». Deseaba desesperadamente sentirse mejor al día siguiente, pero tenía la sensación de que las cosas no iban a mejorar tan pronto.

A la mañana siguiente, Jerrick despertó con fiebre y un dolor de espalda intenso. Tomó algo de medicación e intentó dormir, pero el dolor iba empeorando. Al rato tenía también náuseas y deshidratación. Acudió a la consulta del médico y descubrió, para su consternación, que estaba aquejado por la maldición familiar: piedras en el riñón.

Durante los días siguientes, Jerrick pasó la mayor parte del tiempo hecho un ovillo en el sofá, excepto el día que estuvo en urgencias enganchado a un gotero. Al final las piedras salieron (¡ay!) y pudo regresar a su vida normal.

Durante una cita de seguimiento, el doctor de Jerrick quiso conocer su estilo de vida para intentar disminuir el riesgo de que desarrollara más piedras.

—¿Fuma usted o bebe alcohol? —preguntó el médico.

—No —respondió él.

—¿Bebe suficiente agua?

—Eso creo.

—¿Toma refrescos o café?

—Bueno, me tomo un par de latas de refresco al día. Me ayuda a mantenerme despierto —respondió Jerrick.

Su doctor le explicó que había estudios que demostraban que tomar una lata de refresco al día incrementaba el riesgo de padecer piedras en el riñón. Jerrick dejó de tomar refrescos con cafeína desde aquel día y, por si acaso, empezó a beber más agua todos los días. «Haría lo que fuera para evitar volver a tener piedras en el riñón», dijo.

Aunque Jerrick pensaba que estaba bastante sano —hacía ejercicio regularmente, dormía lo suficiente y comía de forma equilibrada—, aquellas latas de refresco contribuyeron a un dolor que desearía no haber sentido nunca. Esperaba notar beneficios físicos por beber menos refrescos, y los notó. Lo que no esperaba, sin embargo, fueron los beneficios mentales y emocionales que experimentó como resultado directo de su cambio de dieta. Tenía un mayor control sobre su estado de ánimo, mayor concentración y mejor energía desde que no bebía refrescos. Cualquier cambio positivo en la salud aporta este tipo de ventajas. Los adolescentes necesitan entender que comer de manera adecuada y cuidar de sus cuerpos no solo mejorará su salud física, sino que dichos esfuerzos tendrán beneficios en su salud mental y emocional. Afectará a cómo se sienten consigo mismos.

La comparación

Un joven que conocemos fue educado en casa durante la mayor parte de los años de la escuela elemental, así que había tenido poco contacto con otros niños más allá de sus propios hermanos. Debido a un cambio en las circunstancias familiares, aquel joven entró en la escuela pública en séptimo curso. Se puede entender el choque que este chico, recién salido de un ambiente cariñoso con poca negatividad, experimentó mientras aprendía los pormenores de la escuela secundaria.

Un día, aquel chico llegó a casa y declaró: «¡No soy nadie!».

Su madre preguntó: «¿Por qué dices eso?». El chico explicó: «Algunos chicos de la escuela se han reído de mi ropa y me han dicho que no encajo. Dicen que no soy nadie, y eso es lo que soy. Llevo ropa heredada, mamá. Nadie va a querer andar con *esto*», dijo, señalándose a sí mismo. El entorno nuevo y los nuevos compañeros del chico le habían influido de forma negativa.

Por desgracia, muchos adolescentes se sienten igual porque se comparan con sus compañeros. Dicen: «Mi ropa no es tan nueva como la suya», «no soy tan buena en deporte como ella» o «su teléfono móvil es más chulo que el mío». Aunque cierto grado de comparación resulta normal y puede ayudar a los adolescentes a empujarse a ser mejores, demasiada comparación puede ser insana y es tóxica para la autoestima. Los adolescentes que tienen peor imagen de sí mismos a menudo pasan la mayor parte de su tiempo comparándose con los demás en las redes sociales y en la vida real.

Podemos ayudar a los adolescentes a concentrarse en encontrar lo bueno que hay en sí mismos. Al hacerlo, los adolescentes aprenderán que hay una opinión que importa más que las demás: la suya propia.

Apariencia

Aunque constantemente intentamos enseñar a los adolescentes que lo que de verdad importa es el interior, no podemos cambiar el hecho de que basan gran parte de su autoestima en su apariencia. Los jóvenes se atormentan con su piel y con su peso en un extraño período de sus vidas, en una etapa llena de acné, en la que tienen falta de coordinación en los miembros, llevan aparatos dentales y pegan estirones. Se centran más en la lista de defectos que se encuentran a sí mismos en lugar de fijarse en las cosas que les gustan de sí mismos.

En la vieja película *¿Qué pasa con Bob?*, el personaje Bob Wiley no deja de repetir: «Me siento bien. Me siento fantástico. Me siento maravillosamente bien». Es su modo de disimular cómo se siente respecto a la situación en que se encuentra, situación que la mayoría diría que ni es buena, ni fantástica ni maravillosa. De un modo parecido, los adolescentes a menudo fingen lo que piensan respecto a una situación diciéndose: «Me siento bien. Me siento fantástico. Me siento maravillosamente bien». A pesar de ello, se hace más difícil cuando intentan decirse a sí mismos: «Estoy guapo. Me veo estupendo. Tengo un aspecto fantástico». Para ayudar a los adolescentes a sentirse bien con su aspecto, debemos elogiar algo bueno sobre ellos de forma auténtica. Esto hará maravillas con su autoestima. Todos tenemos cosas que secretamente nos gustan de nosotros mismos, y cosas que no. Cuando los padres y otros miembros de la familia validan las buenas, se compensan las actuaciones de aquellos que acentúan las malas.

Jerrick recuerda una ocasión en que fue a la boda de un familiar lejano a quien no había visto en muchos meses. Sabía que algunos de sus sobrinos adolescentes estaban pasándolo mal con los deberes y a la hora de hacer amigos, así que intentó prestarles más atención y pasar tiempo con ellos. Cuando vio que el primero de sus primos entraba por la puerta, se acercó a él y se dio cuenta de que llevaba una bonita corbata. Incluso el nudo tenía la forma perfecta. Era evidente que aquel joven se había tomado su tiempo para que quedara bien. Jerrick le dijo: «¡Me gusta tu corbata! Has hecho una gran elección. ¡Se ve increíble!». La sonrisa y el «gracias» posterior de su primo hicieron saber a Jerrick que su cumplido no había sido en vano.

Después de que el erizo empiece a explorar, podemos coger una golosina con una mano y ofrecérsela con mucho cuidado. Al ofrecerle algo al erizo de vez en cuando mientras lo sostenemos en los brazos, le ayudaremos a aprender a disfrutar de ser abrazado. A medida que los adolescentes exploran el mundo cambiante que se extiende a su alrededor, podemos ayudarles a sentirse mejor consigo mismos. Podemos recordarles cómo distinguir lo real de lo ideal, y ayudarles a conseguir bienestar físico y a dejar de compararse con los demás. Del mismo modo que ofrecemos golosinas al erizo, podemos elogiar sinceramente a los adolescentes por su apariencia y sus logros, y de esta manera empezarán a desarrollar una imagen positiva de sí mismos.

Invitaciones a la acción

¿Cómo ayudar a los adolescentes a sentirse mejor consigo mismos? He aquí algunas claves cuya práctica marcará la diferencia:

- ¿Cómo distingue usted sus expectativas de las de los demás? ¿Cuáles son sus expectativas respecto a su hijo adolescente? ¿Cómo puede ajustar dichas expectativas para ser más positivo y/o razonable?
- ¿Cómo promueve el bienestar físico de su hijo? ¿De qué otras maneras puede promoverlo sin que sea un mandato? ¿Qué tipo de ejemplo ofrece usted?
- Piense en una ocasión en la que se haya comparado con los demás. ¿Qué aprendió de ello? ¿Cómo puede compartir con su hijo lo que aprendió de aquella experiencia?
- ¿Qué le parece el aspecto de su hijo adolescente? ¿Qué elogios sinceros podría hacerle? ¿Cómo puede elogiarlo de manera sistemática?

Capítulo 11:

¡Actúe, no reaccione!

Cuando era joven, Brad acudió a un baile en México mientras estaba de viaje con su clase. El tiempo era perfecto y el estado de ánimo era el ideal para que un torpe jovencito se lanzara al amor. Esta es la historia de lo que sucedió aquella noche:

«Muy bien, chicos, hay un montón de chicas deseando bailar la próxima lenta, así que allá vamos». Nuestro guía de viaje nos miró directamente a Jason y a mí y luego volvió a poner la música. Una brisa tropical soplaba entre las hojas de una jardinera que había detrás de nosotros en el patio del hotel.

Yo acababa de terminar octavo curso y ni siquiera sabía bailar solo, así que mucho menos podía atreverme a preguntarle a una chica si quería hacerlo conmigo.

—Creo que deberíamos ir a bailar, Brad. —Jason se estaba subiendo las mangas de la camisa que se había comprado aquella tarde con la leyenda «soy un turista en México» bordada.

—No, yo no.

—Pero el señor J. ha dicho que hay chicas que quieren bailar, y de todos modos esta es la última noche del viaje y lo más seguro es que nunca volvamos a verlas. —Una ráfaga repentina movió el cabello de Jason hacia sus ojos. Él se lo apartó sin prestar atención.

Aquel viaje educativo a través de México había sido patrocinado por el distrito escolar, y hasta el momento había resultado una gran experiencia. ¿Por qué tenían que arruinarlo con un baile?

—Venga —tiró de mí Jason—. Tú se lo pides a Joan y yo se lo pediré a Christie.

Se abrochó el último botón de la camisa, se marchó en dirección al patio y ofreció su mano.

—Hola, Christie, ¿te gustaría bailar?

Me quedé rezagado y le observé, con la esperanza de aprender al instante las complejidades de las interacciones sociales.

—Vaya, oh, gracias, Jason, pero ahora mismo no.

—¿Y a ti, Joan? —preguntó.

Desde mi posición de seguridad, pude ver la sonrisa repleta de dientes torcidos de Jason. Por primera vez vi a mi amigo tal y como aquellas chicas debían de verlo, y supongo que parecía algo… distinto.

—Me encantaría bailar, Jason, pero no me gusta esta canción —respondió Joan.

Él tiró de su camisa nueva y llamativa.

—Vale, ¿quizá más tarde?

Las dos chicas, avergonzadas, se miraron la una a la otra con rapidez.

—Oh, bueno…, es que no nos encontramos muy bien.

Al cabo de un momento, Jason regresó.

—Muy bien, Brad, ¿a quién se lo pedimos ahora?

Todavía no podía creer lo que Joan había dicho. «¿Que no se sentía bien? ¡Se ha sentido lo suficientemente bien hace un rato cuando ha bailado con Monroe!», me quejé a Jason.

—Pero él está en el último año de instituto y nosotros solo en octavo.

—En noveno ahora —le recordé. Le seguí hasta la fuente alicatada del centro del patio, donde estaba Stephanie. Con la mano sobre la cadera y la nariz en alto, bien podría haber sido un surtidor en forma de estatua.

Me di cuenta de lo que Jason estaba a punto de hacer incluso antes de que dijera: «Hola, Stephanie, ¿qué te parecería un baile?»

—Jason, no… —me di la vuelta con estudiada despreocupación. Stephanie deshizo su pose para sonreírle con desdén y deslizarse altanera hacia un lado.

—¿Y bien? ¿Quieres bailar? —volvió a preguntar Jason mientras ella se alejaba.

Ella ni siquiera se molestó en volver la vista atrás.

Con el dedo, levanté una pequeña ola en el agua de la fuente.

—No lo pillo, Jas. Creía que a las chicas les gustaba bailar.

—Y les gusta —me aseguró—. Mira, ¿por qué no se lo pides a Stephanie?

—¡Ni hablar! A ella no. No quiero que me rechace también.

Tal y como había hecho yo, Jason agitó el agua, que volvió a deformar nuestros reflejos ensombrecidos.

—Brad, si Stephanie no quiere bailar es su problema, no el tuyo.

—Pero, si a ti te ha dicho que no, ¿por qué debería pedírselo yo?

—¿Por qué no?

El director volvió a subir el volumen de la música. Jason se acercó más a mí para que le oyera:

—¿Por qué dejar que ella decida cómo tienes que actuar? —Volvió a pasarse los dedos por el cabello.— Voy a ir ahí a preguntar a otras chicas. ¿Quieres venir?

Meneé la cabeza y me senté en el borde alicatado de la fuente. Había refrescado con el anochecer. Jason se marchó, dando pasos torpes al ritmo de la música.

Cuando pienso de nuevo en aquel incidente, me doy cuenta de que Jason actuó en relación a la gente. La mayoría de nosotros reaccionamos a ella. Jason sabía lo que quería y cómo debía comportarse. Si Stephanie me hubiera rechazado de aquella manera, me habría arrastrado hacia una pirámide mexicana y me habría enterrado dentro, o bien le hubiera dicho: «Pues tampoco eres tan genial», y quizá le habría mordido el tobillo o algo así.

Me recuerdo a mí mismo aquella tarde como si fuera un personaje dentro de un cómic, sentado en aquella fuente fría y pensando, aunque sin nada escrito en mi bocadillo de diálogo. Si tuviese que rellenarlo ahora supongo que escribiría: «No hay nadie tan lamentable como el tonto que siempre reacciona».

En aquel baile de hace tanto tiempo mi centro de confianza estaba fuera de mí mismo, recibiendo puntapiés alrededor de aquel patio como una vieja lata vacía. Si Christie hubiera dicho: «Tienes frío», yo me hubiera puesto a temblar. Si Monroe hubiera dicho: «Tienes calor», me hubiera puesto a sudar. Mis sentimientos hacia toda aquella situación dependían totalmente de un puñado de gente que podía decidir si yo me sentiría avergonzado u orgulloso, maleducado o cortés, introvertido o extrovertido. Al contrario que Jason, cuya seguridad emocional estaba enraizada dentro de sí mismo, yo había renunciado al control de mi propia personalidad. Podría haber sido también una marioneta que permitía a cualquiera que pasara por allí tirar de mis hilos.

Me siento muy agradecido por mi flaco y despeinado amigo de octavo curso y por el importante principio que personificó: actuar y no reaccionar, y porque en todos los bailes a los que he acudido desde entonces ni una sola vez he mordido el tobillo de una chica.

Establecer un patrón de actuación

Quizás una de las características más importantes que podemos mostrar y fomentar cuando conectamos con los adolescentes es actuar en relación a la gente en lugar de reaccionar a ellos. Es fácil caer en un patrón reactivo: «No voy a decirle "hola". Él no me dijo "hola" antes.» «No voy a invitarla a mi fiesta. Ella nunca me invitó a las suyas.» «No voy a escribirle otro mail hasta que responda el que ya le he enviado. Le toca a él.» Los adolescentes pueden entender que hace falta mucho carácter y coraje para cortar esos hilos de marioneta y no permitir que otras personas tengan tanto poder en nuestras vidas.

Debemos ayudar a los adolescentes a establecer patrones positivos de acción en lugar de patrones de reacción: «Voy a decirle "hola" me devuelva el saludo o no». «Si tengo un día horrible es porque yo lo permití. Si tengo un día genial es porque yo puse de mi parte para que sucediera.» «Los otros no tienen que cambiar para que yo me sienta mejor.»

Es evidente que nuestra sociedad admira a los actores. Vemos imágenes de ellos a nuestro alrededor y se convierten en ídolos para muchos. Pero no es de ese tipo de actuación de la que estamos hablando. Es fácil sentirse seguro y hacer frente a los malos cuando el guión ha sido escrito previamente y el final feliz está asegurado. Es fácil actuar con seguridad en uno mismo cuando hay un doble profesional dispuesto a aparecer en el momento en que las cosas se compliquen.

Los *actores* que nosotros más admiramos no son los que están sobre el escenario o en una película. Más bien son personas corrientes que se enfrentan a situaciones y retos que no han elegido y, aun así, no permiten que las circunstancias les afecten. Piense en la persona que está en una silla de ruedas y se mantiene animada y positiva, incluso cuando al-

guien sin la pegatina distintiva aparca en el espacio reserva-
do a las personas con discapacidad. Piense en el niño cuyos
padres sufrieron un duro divorcio, y aun así continúa queriéndolos a los dos. Piense en la chica que no consiguió una
beca, pero se niega a enfadarse o amargarse por ello. Son
ellos quienes ganan los premios a «mejor actor» o «mejor
actriz» al negarse a reaccionar.

Un hombre a quien llamaremos Kurt es un ejemplo estupendo de cómo negarse a reaccionar a las circunstancias.
Antes de casarse con su amor, Kurt salió con muchas chicas
diferentes. Le encantaba ser detallista, y siempre estaba pensando en pequeñas cosas que podía hacer para mostrar su
interés en una chica, como regalarle fresas cubiertas con
chocolate o enviarle notas de ánimo antes de una importante entrevista de trabajo. Las chicas que estaban interesadas
en Kurt apreciaban sus gestos, pero las que no estaban interesadas no. Algunas incluso se mostraban groseras a causa
de dichos gestos. Después de un encuentro especialmente
poco amable, Jerrick le preguntó a Kurt: «¿Por qué sigues
haciendo esas cosas por las chicas? Solo consigues salir es-
caldado».

Kurt replicó: «Me gusta hacer esas cosas, y nadie va a
conseguir que deje de hacer algo bueno».

Fiel a su palabra, Kurt actuaba, y no permitía que las
circunstancias sacaran lo peor de sí mismo. A su mujer le
encantan las pequeñas cosas que hace para demostrarle su
amor.

Nuestras vidas están llenas de dramas cotidianos, y cada
uno de nosotros desempeña su papel en las escuelas, las familias, las comunidades. Un aplauso para la chica que da la

bienvenida al recién llegado y para el chico que recoge basura, a pesar de que no sea una obligación o un proyecto escolar. Un hurra por el deportista a quien su entrenador trata injustamente y que a pesar de ello se obliga a dar lo mejor de sí mismo; al conductor al que le pitan o le sacan el dedo por la ventanilla y no devuelve el gesto. Esos son los *actores* que merecen que nos pongamos en pie para ovacionarlos.

Emulando ejemplos positivos

Una universidad organizó un retiro juvenil en la Costa Este que reunía a gente de distintos estados para que se conocieran.

Una chica llamada Teri llevaba aparatos ortopédicos en las piernas y unas muletas que usaba cuando tenía dificultades para caminar de un sitio a otro. Durante el día había muchos talleres a los que los jóvenes podían asistir, y Teri tenía que caminar una distancia considerable para llegar al sitio donde tenía lugar la presentación de un profesor. Para el profesor significó mucho que Teri hiciera ese sacrificio de una milla de más.

Cuando el taller concluyó, el profesor quiso agradecerle a Teri su asistencia, pero unos cuantos jóvenes le rodearon enseguida. El profesor hizo lo que pudo por escuchar y responder, pero seguía echando miradas a Teri, que se movía con lentitud hacia la puerta. No quería ser grosero con aquellos jóvenes que le rodeaban, pero sabía también que necesitaba darle las gracias a Teri antes de que su oportunidad se esfumara.

Al final, el profesor simplemente interrumpió a los jóvenes que estaban junto a él y dijo en voz alta: «Teri, gracias por venir. Te veré esta noche en la fiesta. Resérvame un baile».

La sala quedó en completo silencio. Los jóvenes que estaban cerca del profesor le miraban con incredulidad. Teri se dio la vuelta y, después de hacer una pausa que parecía interminable, dijo: «Yo no bailo».

El profesor se sintió estúpido. Deseó poder rebobinar y empezar de nuevo.

Teri se obligó a sonreír, se volvió y se marchó. El profesor quería arrastrarse fuera de allí y esconderse. Le encantaban los adolescentes y nunca hubiera hecho nada que pudiera herir a un joven a propósito, y era evidente que había herido y avergonzado a Teri con lo que había dicho. Se sintió fatal.

Aquella noche, el profesor sabía que tenía que asistir al baile como acompañante, pero no estaba de humor. Aun así, se dirigió al gimnasio, donde se encontró con todos los jóvenes de pie, apartados de la pista de baile. La música sonaba. Las luces eran tenues. El baile ya tenía que haber empezado, pero aun así todos estaban de pie alrededor esperando a que alguien empezara a bailar.

El profesor pensó: «¿Por qué estos jóvenes no están actuando en lugar de reaccionar?». De repente, oyó que alguien gritaba su nombre. El profesor se volvió y vio a Teri, de pie en mitad de la pista de baile, con un bonito vestido, saludándolo con una de sus muletas.

«¡Ven aquí y baila conmigo!», gritó.

Todos los ojos se volvieron hacia donde estaba el profesor. «¿Yo?», pensó el profesor. «¿Quieres que vaya hasta ahí y empiece el baile? Pero si soy viejo. ¿Qué pensarán los demás?»

Casi de inmediato pensó en Teri. Una chica que apenas podía andar tenía la valentía de empezar aquel baile, y él estaba preocupado por lo que la gente podía pensar de él. Se sintió ridículo. He ahí una joven que había encontrado el coraje para actuar en lugar de reaccionar, y él estaba preocupado de sí mismo.

Aquel fue un punto de inflexión en la vida del profesor. Sí, estaba deseando enseñar a los adolescentes, pero ¿estaba dispuesto a aprender de ellos? ¿Estaba dispuesto a actuar y no reaccionar? ¿Estaba dispuesto a cortar los hilos de la marioneta de una vez por todas? El profesor sonrió, caminó confiado hacia la pista de baile, abrazó a Teri y se marcó un baile explosivo con aquella jovencita.

Cuando levante a su erizo, necesitará actuar. Si está pensando en poner las manos y esperar a que el erizo vaya hasta ellas, podría suceder que el erizo nunca lo hiciera. En lugar de eso, debe colocar proactivamente ambas manos bajo el erizo y levantarlo. De forma parecida, los adolescentes necesitan actuar y no reaccionar. Conectamos con los adolescentes mostrándoles patrones de acción y ayudándolos luego a establecer similares patrones de acción y no de reacción. De este modo pueden aprender no solo a disfrutar de los bailes de la escuela, sino del baile que de verdad importa, ese que llamamos «vida».

Invitaciones a la acción

¿Cómo ayudar al adolescente a aprender a actuar y no a reaccionar a la gente y a las circunstancias de su vida? He aquí algunas claves a tener en cuenta:

- ¿Cómo responde usted ante ciertas situaciones? ¿Actúa o reacciona ante ellas? ¿Qué va a hacer para establecer un patrón de acción que su hijo adolescente pueda imitar?

- Piense en alguien a quien admire. ¿Cómo le ha influido su ejemplo? ¿Se le ocurren personas de la vida de su hijo que sean ejemplos positivos de acción en lugar de reacción?

Capítulo 12:
Pensando en la amistad

Muchas escuelas primarias tienen la tradición de celebrar *jornadas escolares* en los que se desarrollan muchas actividades parecidas a las Olimpiadas. Se dan medallas en función de lo bien que los estudiantes realizan diferentes actividades. Jerrick recuerda que cuando estaba en tercero estaba muy excitado por participar en las jornadas con los alumnos de cuarto y quinto. Se levantó aquella mañana dispuesto a divertirse un poco, a hacer amigos entre los estudiantes de quinto y quizás a ganar algunas medallas. Mientras hacía cola para una de las actividades, algunos de los chicos mayores empezaron a reírse de sus orejas: «¡Mirad qué orejas! Parece Dumbo», dijo uno de ellos.

Otro metió baza, riendo: «¿Creéis que puede volar? No es justo. No deberían permitirle competir en los juegos».

Aquellas actividades de repente ya no parecían tan divertidas para Jerrick. Se fue a casa, visiblemente disgustado, y al verlo llegar su madre le preguntó: «¿Estás bien?».

«Algunos de los chicos de quinto se han reído de mí hoy», respondió Jerrick. «Han dicho que tengo las orejas grandes y me han llamado Dumbo».

«No tienes las orejas grandes. No escuches a esos abuso-nes. Solo intentan sentirse mejor despreciándote a ti», inten-tó calmarle su madre.

Jerrick recuerda lo siguiente: «Me enfadé mucho con mi madre por decir que no tenía las orejas grandes. Se lo hice saber con bastante énfasis: "¡Estás mintiendo! Los niños de la escuela dicen que tengo las orejas grandes, así que ¡estás mintiendo!". Valoré las opiniones de mis compañeros por encima de la de mi propia madre.»

Incluso siendo un niño, las opiniones de sus compañeros eran importantes para Jerrick. De forma natural, los niños desean ser valorados y apreciados por sus iguales, y este de-seo se magnifica durante los años de la adolescencia. Los adolescentes son extremadamente conscientes de las opinio-nes de los demás, en especial de sus amigos, lo que en parte explica por qué los adolescentes desean y valoran la amistad por encima de casi cualquier otra cosa.

En un amplio estudio sobre adolescentes, el 76 % declaró que tener amigos era de gran importancia*. A pesar de ello, lo que los adolescentes realmente anhelan es el sentimiento que les aporta el hecho de tener amigos, la sensación de acep-tación social, que influye de manera extraordinaria en su au-toestima. La aceptación social es un sentido de pertenencia que se ve influido por lo que los otros piensan y dicen. Ade-más de por sus amigos, los adolescentes también se ven in-fluidos por los mensajes que comunican los padres, los pro-fesores, los familiares y otros adultos.

---

* Meg Bostrom, «The 21st Century Teen: Public Perception and Teen Reality» (Los adolescentes del siglo XXI: percepción pública y realidad adolescente), Frameworks Institute (diciembre de 2001): 6.

La aceptación social parece algo bastante sencillo hasta que nos damos cuenta de que lo que la gente dice o piensa no afecta realmente a la autoestima tanto como lo que el adolescente *percibe* que es dicho o pensado, igual que la percepción que tuvo Jerrick sobre los chicos de quinto curso influyó en su propia autoestima.

A pesar de eso, las percepciones de sí mismos que tienen los adolescentes no tienen por qué ser negativas. De hecho, un estudio reciente sugiere que esas percepciones adolescentes sobre el propio éxito social pueden ser un factor clave para predecir el funcionamiento en sociedad del individuo a largo plazo. Así, incluso los adolescentes que no son muy populares pueden mostrar una adaptación positiva a lo largo del tiempo si mantienen un sentido interno positivo de su aceptación social*. En otras palabras, el modo en que los adolescentes ven su propia aceptación social afectará a su autoestima, ya sea de manera positiva o negativa.

No estamos sugiriendo que los padres hagan lo que sea para ayudar a los adolescentes a ser populares entre la gente popular. En lugar de eso, nosotros, como padres, debemos ayudar a los adolescentes a darse cuenta de que deberían ser valorados, y lo serán, por ser ellos mismos y por la gente que importa. Según nuestra experiencia, una autoestima sana, reforzada por la influencia de los buenos amigos y una visión positiva de la propia aceptación social puede ayudar a

---

* Kathleen B. McElhaney, Jill Antonishak y Joseph P. Allen. «They Like Me, They Like Me Not: Popularity and Adolescents' Perceptions of Acceptance Predicting Social Functioning Over Time» (Me quiere, no me quiere: popularidad y percepción de la aceptación del adolescente para predecir el funcionamiento social a lo largo del tiempo). *Child Development* 79/3 (2008) 720.

los adolescentes a convertirse en más empáticos, desinteresados, y a aceptar los puntos de vista de los demás. Así pues, ¿cómo podemos ayudar a los adolescentes a tener una visión positiva de su propia aceptación social? Podemos enseñarles a pensar en la amistad intentando cosas nuevas, ayudando a los demás, invirtiendo en sí mismos, cultivando emociones positivas y manteniendo una perspectiva sana.

Probar cosas nuevas

Por culpa de aquel comentario en tercer curso, Jerrick trató de esconder sus orejas durante toda la secundaria y gran parte de su época de instituto. Nunca usaba sombreros porque creía que con ellos sus orejas sobresalían aún más. Incluso se dejó crecer el pelo, de modo que el cabello cubriera las orejas. Al mirar ahora fotografías de aquel cabello, se arrepiente de su decisión.

A mitad de la secundaria las cosas empezaron a cambiar. A Jerrick le encantaba el baloncesto, aunque no era muy buen jugador. Jugó en una liga juvenil hasta séptimo curso. Aquel año decidió concentrarse más en la ciencia en lugar del baloncesto. No se sentía parte de su equipo, y no estaba tan entregado a los deportes como otros chicos a su alrededor parecían estarlo. Su sentimiento de aceptación social empezó a hundirse, y con él lo hizo su autoestima. Aunque el club de ciencias ayudó a que su autoestima empezara a resurgir, su madre se dio cuenta de que necesitaba un nuevo deporte. Le convenció de que en lugar de al baloncesto jugara al voleibol. Jerrick encontró seguridad en él porque su arduo esfuerzo en este deporte le hacía sentirse bien consigo mismo. Los comentarios acerca de sus orejas no cambiaron nunca, pero poco a poco empezó a percibirlos de otro modo. Hacia la mitad de su época de instituto, cuando sus compañeros o los jugadores del equipo contrario decían alguna noche que tenía orejas de Dumbo, él lo tomaba como un cumplido. «¡Eso es! Estas orejas me ayudan a saltar más alto y me hacen volar», pensaba.

Si los adolescentes están teniendo dificultades para sentirse socialmente aceptados, probar cosas nuevas puede ayudar. Al probar algo nuevo, Jerrick descubrió un talento que desconocía, y a través del voleibol hizo nuevas amistades que todavía hoy conserva. Nada de eso hubiera sido posible sin el apoyo y el aliento de su familia, en especial de su madre. No importa qué actividad nueva prueben nuestros hijos, es importante para ellos que les apoyemos en sus esfuerzos. Los adolescentes también necesitan sentirse aceptados en el seno de su familia, y podemos ayudarles apoyándoles cuando prueban cosas nuevas.

Ayudar a los demás

Durante los primeros años de su infancia, Brad vivió en Etiopía, África. Cuando tenía ocho años, su familia se mudó a Estados Unidos, y Brad hizo frente a cambios muy difíciles. En África, los deportes americanos no eran muy importantes, así que Brad no creció jugando a béisbol, fútbol, voleibol o baloncesto.

Cuando volvió a Estados Unidos se encontró con que lo dejaban de lado a la hora del recreo. Cada vez que se elegían equipos para jugar al baloncesto, le escogían el último. A veces se vanagloria en broma de que durante la escuela primaria los capitanes de los equipos solían pelearse por él. Lo que no cuenta es que normalmente la pelea era acerca de a quién se lo encasquetaban. Muy pronto, dejó del todo de intentar jugar y dirigió su atención hacia otros intereses.

Durante la secundaria sentía pavor por la clase de Educación Física a la que la mayoría de los chicos deseaban ir. Un día, el entrenador de siempre faltó, y la clase la impartió un sustituto que dividió al grupo en dos equipos de relevos. El sustituto explicó que cada miembro del equipo debía correr hasta el otro lado del gimnasio, trepar por la cuerda y volver. El equipo que acabara primero ganaría. Los chicos hicieron cola con entusiasmo. Brad se dirigió lentamente a su lugar al final de su fila. Su entrenador habitual sabía que no podía trepar por la cuerda. La cima de la cuerda para él era como la cima del monte Everest.

«Preparados, listos, ¡ya!». El entrenador sustituto tocó el silbato y la carrera comenzó. En el calor de la competición, los chicos animaban salvajemente a sus compañeros de equipo. Impotente, Brad esperaba su turno, con el corazón palpitando de miedo. A medida que se acercaba al inicio de la fila, trazó un plan en su mente: correría lo más rápido posible, agarraría la cuerda y se impulsaría hacia arriba hasta que el entrenador dejara de mirar. Entonces se deslizaría hacia abajo y correría de vuelta a su lugar. No quería que sus compañeros de equipo perdieran la carrera por su culpa.

Cuando llegó el turno de Brad en el relevo, corrió hacia la cuerda y trepó con todas sus fuerzas. A duras penas podía elevarse por encima del suelo. Sus brazos temblaban y solo sostenerse ya le costaba. Cuando volvió la vista hacia el entrenador y vio que este no miraba, Brad soltó la cuerda. Saltó al suelo y ya estaba corriendo de vuelta a su lugar cuando, para su horror, el entrenador hizo sonar su silbato y empezó a gritar. Todo el mundo se detuvo y se hizo el silencio en el gimnasio. El entrenador señaló a Brad y gritó: «Muy bien, jovencito. No habrá trampas en esta carrera. Ve de nuevo hacia esa cuerda y trepa hasta que llegues arriba». Humillado, Brad volvió a la cuerda mientras toda la clase se reunía para mirar. Entre las sonrisas de superioridad y las risas de sus compañeros, empezó a luchar para subir por la cuerda sin éxito, hasta que, al fin, le salvó la campana que indicaba el fin de la clase.

Aquella fue una experiencia horrible para Brad. Incluso ahora la conserva como un recuerdo vergonzoso y doloroso para él. Brad dice: «Supongo que podría haberme enfadado. Podría haber abandonado la escuela o la clase, o haber mostrado mi frustración gritando al entrenador o a otros alumnos. Podría haberme deprimido o haberme vuelto retraído. En lugar de eso, me prometí a mí mismo que nunca trataría así a nadie. Decidí tratar siempre a los demás con más respeto, empatía y bondad que las que me habían mostrado a mí en aquella ocasión.

Durante los años siguientes, Brad intentó darse cuenta de cuándo los demás sufrían. En su escuela había un chico tímido y torpe con una malformación congénita que le había deformado un poco el rostro. Brad salió de su ruta habitual para buscar al chico en el pasillo y sentarse con él durante las clases. El chico trabajaba en la cantina limpiando bandejas, y

Brad se inscribió para trabajar allí también y que el chico no estuviera solo.

En otra ocasión escuchó a un grupo de chicas chismorreando sobre otra chica. Una de ellas preguntó: «¿Habéis oído la noticia sobre Jenny? ¡Se muda!».

Otra chica se apartó el pelo y dijo: «Me alegro, porque no la soporto».

Una más se unió, diciendo: «¡A mí también me fastidia! Cree que es superguay ¡y no lo es! Me alegro de que no tengamos que tolerarla más».

Brad decidió que Jenny probablemente necesitaba amigos y no tanto a gente que hablara de ella. Reunió a algunos de sus compañeros y preparó una fiesta de despedida para desearle a Jenny lo mejor en su nueva escuela.

Brad empezó a olvidarse de sí mismo a través de un silencioso y sincero servicio a los demás, e irónicamente, empezó a encontrarse a sí mismo. Cuanto más se preocupaba por los demás, menos se preocupaba por sí mismo y era más aceptado por sus compañeros. Para cuando se graduó en el instituto había sido bendecido con muchos amigos.

¿Qué había causado semejante cambio? ¿Se había comprado Brad un supercoche? No, conducía una chatarra de Chevy. ¿Se había convertido en un superatleta? No, seguía sin ser capaz de trepar por la cuerda. ¿Se había puesto a entrenar y estaba delgado y fuerte? No, tan solo trataba de ser amable. Hizo un esfuerzo consciente por defender al débil y elogiar a los demás cuando hacían algo bien. No se vinculó a tal grupo o a tal otro; intentó ser amigo de todo el mundo.

Cuando llegó la noche de su baile de fin de curso, Brad nunca soñó con que recibiría ningún tipo de reconocimien-

to. Sabía que no le nombrarían «El chico con más probabilidades de triunfar» ni conseguiría el premio al más listo, interesante o agraciado. De hecho, cuando los representantes de
la clase dijeron su nombre y le pidieron que acudiera al centro de la sala no podía imaginar por qué. ¡Ojalá no le pidie-
ran que trepara por la cuerda! No lo hicieron. En lugar de
ello, le ofrecieron un premio que significaba para él mucho
más de lo que nunca sabrían. Le nombraron "El estudiante
de último año más querido". Sus compañeros se pusieron de
pie y aplaudieron. Imaginen, una ovación en pie de los mismos jóvenes que se habían burlado de él y le habían ridiculi-
zado en secundaria.

Una de las formas más efectivas de fomentar la aceptación social en los adolescentes es enseñarles a ayudar a los
demás. Cuando lo hagan, su percepción acerca de cómo la
gente se siente respecto a ellos crecerá. Puede que por el camino surjan amistades duraderas, como le sucedió a Brad.

Invertir en sí mismos

Una gran parte de la percepción de los adolescentes acerca
de la aceptación social se centra en aceptarse a sí mismos.
Cuando los adolescentes se sienten bien consigo mismos, es
más fácil para ellos percibir las palabras y los actos de los
demás como positivos, y, de este modo, hallar aceptación social entre sus compañeros y los adultos. Como sucede con el
hecho de probar cosas nuevas y de ayudar a los demás, la
aceptación social puede mejorar cuando se anima a los adolescentes a invertir en el desarrollo de sus talentos.

Cada adolescente es diferente. Cada uno tiene habilidades distintas, y probar cosas nuevas puede ayudarles a descubrir dichos talentos, aunque descubrirlos no es suficiente. Una de las nuevas actividades que Jerrick probó en el instituto para aumentar su aceptación social fue cantar. Al principio se unió al coro del instituto porque algunos de sus amigos estaban en él, pero pronto descubrió que le gustaba cantar y que quería mejorar y ampliar su registro.

Empezó a cantar cada vez más: en el instituto, en los coros de la iglesia, en el coche y, por supuesto, en la ducha. En su último año de instituto decidió presentarse a la audición para el coro más prestigioso de su instituto. Practicaba todo el tiempo. Se presentó a las audiciones y, para su sorpresa, ¡lo consiguió! De hecho, a mitad de curso participaba en cuatro coros diferentes, y todo ello porque había practicado e invertido algún tiempo en su propio desarrollo.

La dedicación que invirtió en cantar también le abrió otras oportunidades. El director de su coro se dio cuenta de la dedicación de Jerrick y decidió nombrarle líder de su sección en el concierto de coros del instituto. Que el director del coro se fijara en él fue un premio, pero, de hecho, la autoestima de Jerrick mejoró gracias al esfuerzo que dedicó a algo que le encantaba.

Cuando los adolescentes invierten algún tiempo y esfuerzo en desarrollar sus talentos, se dan cuenta de que la percepción de su propia aceptación social crece. Como el director del coro de Jerrick, podemos ayudar a los adolescentes dándonos cuenta de sus esfuerzos y abriendo las puertas a la oportunidad.

Alimentar emociones positivas

Una joven le dijo a Brad una vez: «Me siento tan fuera de lugar, tan inferior, tan mediocre. Me fijo en los que me rodean y los estudio: la gente, las fotos de las revistas, las actrices, todo el mundo. Y voy recogiendo todos los rasgos que me gustaría poseer. En cada persona observo una cualidad y me hago pedazos por no poseerla o por no ser capaz de realizarla. La envidia me ha convertido en una persona deprimida y sin esperanza. Tengo sobrepeso. Mi pelo es un desastre. Mis cejas son distintas entre sí. Mis pestañas crecen en todas direcciones. Mi nariz es grande. Incluso mi madre admitiría esto último, porque tiene la misma nariz, aunque la suya no está tan mal».

Por desgracia, cada vez más adolescentes se enfrentan a este tipo de desprecio a uno mismo, porque en la era digital es relativamente fácil compararse a sí mismos con los demás. Todo lo que tienen que hacer es comprobar su número de amigos en Facebook o el número de retuits en Twitter. Observan la vida *perfecta* de los demás tal y como aparecen en las redes sociales y se sienten inferiores. Cuando los adolescentes se enfrentan a esta percepción disminuida de su aceptación social, pueden volverse negativos hacia sí mismos y su entorno. Podemos enseñarles a alimentar emociones positivas en ellos mismos en lugar de a sentir esas influencias negativas del exterior.

Se dio el caso de un joven que estaba empezando a practicar deportes competitivos y que desarrolló un patrón de pensamiento negativo contra el que todavía lucha hoy. Incluso después de un buen partido, el joven no se sentía contento con su desempeño. Siempre decía que podría haber anotado más puntos, realizado mejores pases, haber detectado al jugador desmarcado, haber defendido con más fuerza o incluso haber sido mejor compañero de equipo. Los pensamientos negativos eran aún peores tras los partidos que su equipo perdía. Tras una derrota especialmente abrumadora, podía oírse a este joven gritándose a sí mismo en un rincón apartado del vestuario.

«¡Eres horrible! ¿Por qué te molestaste en empezar a jugar al baloncesto? Hoy no has hecho ni un solo lanzamiento. Eres lento y egoísta. ¡Empieza a pasar más la pelota! Deja de hacer lanzamientos estúpidos…»

Aquel joven pensaba claramente que no jugaba bien, pero su entrenador no estaba de acuerdo. Aunque el equipo no jugó bien aquella noche, el joven jugó uno de sus mejores partidos y el entrenador pensó que no debía maltratarse verbalmente a sí mismo. Se acercó al jugador y empezó a hablar con él.

«Hoy has jugado estupendamente. Tus lanzamientos han sido extraordinarios. ¿Qué he hace estar tan desanimado?» El jugador empezó a hablar y el entrenador escuchó concienzudamente mientras el jugador le contaba, jugada a jugada, las cosas que había hecho mal, y, mientras lo hacía, pasaba por alto todo lo que había hecho bien.

Escuchar fue un gran primer paso para poder ayudar a este joven a alimentar sus emociones positivas. Escuchar a los adolescentes muestra que nos importan; aun así, podemos hacer mucho más que escuchar. Este joven, según la percepción de su entrenador, era un buen jugador, pero él creía que no. Puede que ni siquiera escuchara a su entrenador elogiando su juego, porque los pensamientos negativos ya estaban ocupando su mente. Debemos encontrar un modo de ayudar a los adolescentes a reemplazar esos pensamientos negativos.

Un modo simple y práctico de ayudar a los adolescentes a alimentar emociones positivas respecto a sí mismos es el pensamiento motivacional positivo. Encontramos un gran ejemplo de ello en el vídeo de YouTube «Jessica's Daily Affirmation». Una niña llamada Jessica protagoniza este adorable vídeo en el que hace una lista de todas las cosas de la vida que le gustan, desde sus padres hasta su pijama. Al final exclama: «¡Puedo hacer cualquier cosa buena*!» Por muy absurdo que parezca, los adolescentes pueden ponerse en pie frente a un espejo, como hace Jessica, y elogiarse a sí mismos cada día. Ayúdelos a ver lo que hacen bien. Al principio puede ser difícil de hacer, por lo que para empezar puede ser útil proporcionarles una lista de cosas que admira de ellos, y, cuando estén listos, ellos mismos podrán añadir cosas a la lista. Otra técnica es promover el uso de un diario de gratitud. Los adolescentes se sorprenderán de cuán mejor se sienten acerca de sí mismos y de su aceptación social cuando adoptan una actitud de gratitud. A la gente le gusta rodearse de gente positiva. A medida que los adolescentes aprenden a centrarse en lo positivo, atraerán más amistades.

---

* «Jessica's Daily Affirmation» (La afirmación diaria de Jessica), subido a YouTube por dmchatster en junio de 2009. https://www.youtube.com/watch?v=qR3rK0kZFkg

Mantener una perspectiva sana

Los adolescentes pueden mantener una perspectiva sana cuando se dan cuenta de que cualquier comentario negativo percibido es solo la opinión de una persona, y que no deben dejar que esta les afecte. ¿Alguna vez ha conocido a algún adolescente que haya trabajado duro durante todo el verano y haya destinado algo del dinero ganado a comprarse ropa nueva, y, al ir a la escuela, haya tenido que oír a alguien preguntar de forma burlona: «¿De dónde has sacado ese modelito?».

Si ese adolescente tiene una perspectiva sana, él o ella dirá: «Me gusta este conjunto; si a ti no te gusta, es tu problema». De lo contrario, puede que él o ella no vuelvan a ponerse esa ropa nunca más, independientemente de lo que costara.

Cuando Brad habla con adolescentes les pide que levanten la mano y voten acerca de cómo actuarían en la situación que acabamos de describir. Lo han adivinado. Prácticamente todos dicen que no volverían a ponerse esa ropa en concreto nunca más.

¿Cómo podemos ayudar a los adolescentes a mantener una perspectiva sana? Los adolescentes necesitan darse cuenta de que la opinión de una persona es solo eso: la opinión de una persona. Los comentarios que recibimos deben ser siempre contrastados con nuestras propias opiniones antes de tomar decisiones o emitir juicios. A medida que los adolescentes aprenden a concentrarse en tener una perspectiva sana, las opiniones de los amigos, miembros de la familia y padres también pueden ser contrastadas con una sola opinión de un compañero o amigo.

Una perspectiva sana ve los errores como reparables y los malos días ocasionales le parecen bien. Una perspectiva sana tiene una visión general y permite mantener la esperanza entre las diferentes intentonas. Este tipo de perspectiva hace que sea fácil rechazar a los amigos que son malas influencias y conservar a los que son inspiradores.

Mientras su erizo le va conociendo explorándole, desarrolla señales positivas, tales como tocar y oler sus manos, que le ayudan a reconocerle. Día tras día, será más fácil sostenerlo porque ambos habrán desarrollado una amistad. Un adolescente desarrolla amistades y contempla su aceptación social de forma muy parecida a como el erizo le va conociendo: a través de la exploración y el desarrollo de señales positivas. Podemos conectar con los adolescentes enseñándoles a pensar en la amistad. Si los adolescentes prueban cosas nuevas, ayudan a los demás, invierten en sí mismos, alimentan emociones positivas y mantienen una perspectiva sana, la percepción de su aceptación social mejorará, y lo mismo ocurrirá con su autoestima y su círculo de buenos amigos.

Invitaciones a la acción

¿Cómo puede ayudar a los adolescentes a desarrollar una visión positiva de su aceptación social? Estas preguntas pueden ayudarle a pensar:

- ¿Qué nuevas habilidades y cualidades desarrolló usted en su adolescencia? ¿Cómo ello le ayudó a hacer amigos y mejorar su aceptación social?

- ¿Cuáles cree usted que son los beneficios de ayudar a los demás? ¿Cómo puede ayudar a su hijo adolescente a reconocer dichos beneficios en su vida?

- ¿Qué ejemplos puede compartir con su hijo para animarlo a invertir en desarrollar sus talentos?

- Piense en una ocasión en que las emociones y los pensamientos positivos le ayudaron a superar una situación difícil. ¿Qué lecciones aprendió de aquella experiencia? ¿Cómo puede compartir dicha experiencia con su hijo adolescente? ¿Está usted siendo un buen modelo de pensamiento motivacional y de expresión de gratitud?

- ¿Cómo puede su hijo adolescente poner en perspectiva los comentarios negativos de sus compañeros contrastándolos más con sus propias opiniones y las de aquellos que más le quieren? ¿Cómo puede ayudar a su adolescente a tener una visión de conjunto?

Conclusión:
«Mi opinión cuenta»

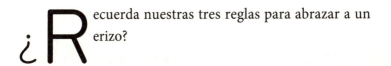

¿Recuerda nuestras tres reglas para abrazar a un erizo?

1. No use guantes; déjelo olerle.
2. Tómese su tiempo; deje que se relaje. Si se hace una bola y saca las púas, mantenga la calma y sea paciente.
3. Con ambas manos, levántelo por la barriga, que está cubierta de pelo y no de púas. Déjelo que le explore y se sienta más cómodo con usted.

Esperamos que los consejos, testimonios e información de este libro le hayan ayudado a aprender que hay similitudes entre el hecho de abrazar a un erizo y el de conectar con adolescentes. No hay dos erizos iguales. Tampoco hay dos adolescentes iguales. Todos tienen diferencias que los hacen únicos, pero esforzarse en implementar principios generales de comunicación con ellos, ayudarles a superar las adversidades y enseñarles a desarrollar una autoestima sana ayudará a los padres a conectar con sus hijos adolescentes.

¿No sería maravilloso, no obstante, que el erizo pudiera decirnos cómo quiere ser abrazado exactamente? Nunca más tendríamos que adivinar si estamos haciéndolo de forma correcta; podríamos saberlo con certeza. Por supuesto, eso no es posible, pero cuando se trata de conectar con adolescentes contamos con un recurso valioso y aun así infrautilizado: los adolescentes.

Una joven dijo una vez: «Tengo algo que decir, aunque sea joven. Los adultos acostumbran a desconectar de los adolescentes porque creen que no están diciendo nada importante. Aun así, aunque ese sea el caso, están diciendo algo que es importante para ellos».

¿Quién mejor para hablar a los padres acerca del desarrollo de la gente joven que la misma gente joven? Cuando en cierta ocasión Brad preparaba una serie de clases para padres acerca de cómo ayudar a los adolescentes, quiso que se oyeran las voces de los chicos. Decidió compartir palabras y mensajes reales de los jóvenes. Brad llevó a cabo una encuesta informal entre adolescentes repartiendo impresos que decían: «Dile a tus padres cómo te sientes de verdad». Respondieron más de mil adolescentes procedentes de toda Norteamérica.

Algunos comentarios eran jocosos, como: «Me gustaría que me compraran un coche nuevo», o: «Deberían dejarme salir toda la noche sin preocuparse» o: «Oye, es al revés, por una vez soy yo quien les da una lección a mis padres. ¡Seguro que ellos me escuchan más de lo que yo les escucho a ellos!».

Comentarios graciosos aparte, los adolescentes se mostraron entusiasmados con la posibilidad de enviar mensajes que no darían en persona a sus padres pero sí a través de aquella encuesta. Uno de ellos comentó: «Está claro que por fin los adolescentes van a tener voz y voto. Espero que mis comentarios ayuden». Otra persona escribió: «Puede que las palabras que los jóvenes escribamos en estos pequeños formularios no sean profundas como las de Sócrates o Shakespeare, pero son profundas en otro sentido. Son profundas porque son sinceras y surgen directamente de nuestros corazones. Los mensajes que escribimos en estos papeles pueden ayudar a dar forma, a cambiar y a moldear relaciones. Espero que todos los padres lean estos mensajes, y espero que las cosas cambien».

Muchos de los chicos expresaron apoyo y afecto por sus padres. Algunos comentarios fueron extremadamente personales, como uno anónimo en el que un adolescente escribió una carta desgarradora acerca del divorcio. En general, los mensajes estaban cuidadosamente pensados, eran auténticos, reveladores e incluso inspiradores.

Sabemos que para conectar con los adolescentes debemos mejorar nuestra comunicación con ellos, debemos ayudarles a superar las adversidades, debemos apoyarles mientras desarrollan una alta autoestima. Pero ¿qué dicen los adolescentes acerca de estos temas? Aunque es cierto que los niños dicen las cosas más insólitas, podríamos añadir que a menudo también dicen las más profundas. Los siguientes comentarios provenientes de adolescentes pueden profundizar nuestra comprensión acerca de por qué exactamente, cómo y de qué maneras los adolescentes quieren conectar con sus padres. He aquí solo unas cuantas cosas que los adolescentes quieren de nosotros, sus padres:

«Comunícate conmigo»

Sé más comprensivo. Tómate tu tiempo para escuchar de verdad lo que digo y cómo me siento. No me des lecciones todo el tiempo o te enfades por pequeñas cosas. No me interrumpas cuando hablo. Recuerda que a veces solo quiero desahogarme, no quiero consejos. Habla abiertamente y sé directo y específico. Háblame de sexo y de drogas. Ofréceme sugerencias en lugar de darme órdenes. Sé rápido a la hora elogiar y lento a la hora de criticar.

Cuando me equivoco, corrígeme cuando estamos solos. Odio cuando me echas la bronca delante de los demás. Ten cuidado de no revelar mis confidencias a otros miembros de la familia o de la comunidad. No digas siempre: «Ya sabemos cómo es eso». No creo que lo sepáis. Ser adolescente es mucho más duro de lo que creéis.

Respétame como persona. Dime: «Te quiero». Me gusta oírlo, necesito oírlo. Abrázame, y no tengas miedo de demostrar que me quieres.

Pasemos más tiempo en familia, y no veas tanto la televisión ni pases tanto rato delante del ordenador. Entiendo que tengas que trabajar, pero no siempre. Hagamos más actividades en familia, como ir de pícnic o de vacaciones o a salidas especiales tú y yo. Entusiásmate cuando yo me entusiasmo.

Demuéstrame que te importa adónde voy y lo que hago. Me duele que hayas dejado de preguntarme cómo me van las cosas en la escuela y con mis amigos. Quiero hablar sobre ello si simplemente me escuchas y no me juzgas.

«Ayúdame a superar problemas»

No digas que lo que me molesta no es importante y que solo los problemas de los adultos son problemas de verdad. Mis problemas son reales para mí. No me grites. Hay un *adulto* en mi interior con el que se puede razonar. Ten cuidado de no burlarte de mí, incluso cuando dices: «Solo es una broma».

Hay un montón de tentaciones y de problemas a los que los adolescentes nos enfrentamos hoy en día. Necesito poder hablar acerca de ellos abiertamente, pero no siempre tiene que ser un tema serio. Relajémonos un poco y echémosle algo de sentido del humor.

Sé que estás ocupado y que los demás necesitan tiempo, pero yo también soy importante. No tengas miedo de establecer normas estrictas para mí. Me gusta conocer cuáles son los límites, pero estate ahí para ayudarme. Dime por qué son importantes. No te olvides de que puedo cambiar. Solo porque una vez hice algo estúpido no significa que vaya a hacerlo otra vez. Dame la oportunidad de empezar de nuevo, y nunca te rindas conmigo, da igual lo que suceda.

«Apóyame mientras trabajo mi autoestima»

Trátame como a un adulto en lugar de como a un niño pequeño. Dame espacio para crecer y hacer mis propias elecciones. Dame algo de libertad. No abusaré de ella. Confía en mí y no esperes que siempre haga lo incorrecto. Puedo elegir bien si se me da la oportunidad.

Deja de estar resentido con los adolescentes. Déjame tener voz y voto en lo que sucede. Que seas mayor no significa que siempre tengas la razón. Mis opiniones cuentan.

Por favor, no me compares con mis amigos o con mis hermanos o hermanas. Trátanos con igualdad y de forma justa. Tener favoritos no es bueno para nadie. Acepta mi individualidad. No soy exactamente como los demás solo porque seamos de la misma familia. Sé flexible.

No te quejes sobre mí a tus amigos o les cuentes a otros mis errores. No soy perfecto. Solo estoy aprendiendo, igual que tú. Me equivoco, pero puedo aprender de ello. No esperes de mí que sea perfecto, y no esperes que haga algo que tú mismo no quieres hacer. Demuestra que me quieres, aunque a veces puedas sentirte decepcionado por lo que haga. Preocúpate de verdad por mí y por mis sentimientos.

Pasa tiempo conmigo porque te gusto de verdad, no solo porque es tu trabajo. Sería de más ayuda si me apreciaras más. Sé consciente de cuándo lo hago bien, y dime que soy extraordinario y valioso. Necesito oírlo más.

«Simplemente ayúdanos a ver la luz»

En un encuentro juvenil en el sur de California, Brad conoció a un joven llamado Héctor. Durante la conferencia, Brad le dio uno de los formularios de la encuesta y le pidió que lo rellenara. Él leyó las instrucciones y dijo: «No, no puedo hacerlo».

«Vamos», lo animó Brad. «Me encantaría leer lo que tengas que decir.»

«No, no sabría qué escribir.»

«Vamos.»

Él aún dudaba: «Hay muchos otros adolescentes aquí. Puede encontrar a otra persona».

Brad dijo: «Les daré encuestas también, pero de verdad quiero saber lo que piensas. ¿Cuál es tu mensaje?».

Al final, el chico se quedó el papel y dijo: «De verdad que no tengo nada que decir, pero lo intentaré».

En la sesión final de la conferencia, Brad estaba sentado en la parte frontal de la sala cuando alguien le dio un golpecito en el hombro y le pasó un papel doblado.

Brad desdobló el papel. Era la encuesta completada por Héctor. Cuando Brad leyó sus palabras se conmovió profundamente. Aquel adolescente que no tenía «nada que decir» lo dijo todo:

El mundo de un adolescente es difícil,
está lleno de oscuridad, dolor y pecado.
Hay presión de amigos y enemigos
que causa una profunda confusión interior.
En ocasiones quieres escapar
y estar solo contigo mismo.
Es entonces cuando necesitas a tus padres contigo
para calmar tu vida cuando las tormentas se han desatado.
Queridos padres, por favor recordad esto:
para nosotros, cada día es una batalla.
Cuando los adolescentes están sumidos en la oscuridad,
simplemente intentad ayudarnos a ver la luz.

Héctor López

Por fuera, los adolescentes pueden aparecer cubiertos de púas y ser difíciles de abrazar, pero bajo esas defensas necesitan desesperadamente ser aceptados, queridos y amados. Aquellos adolescentes que respondieron a la encuesta de Brad nos dijeron claramente lo que teníamos que hacer para conectar mejor con ellos. Comuníquese con su hijo adolescente, ayúdelo a superar las adversidades y apóyelo mientras trabaja su autoestima. Puede que tarde un poco, pero si usa estas claves conseguirá conectar de verdad con su hijo adolescente.

Apéndice
Fuentes adicionales

Algunos materiales de este libro han sido adaptados de los siguientes libros y artículos ya publicados:

Jones, Barbara Barrington y Brad Wilcox. *Straight Talk for Parents: What Teenagers Wish They Could Tell You* (Verdad para padres: lo que los adolescentes desearían poder contarte). Salt Lake City: Deseret book, 1994.

Robbins, Jerrick. «It's OK to Cry» (No pasa nada por llorar). En *Lessons from my Parents: 100 Shared Moments that Changed Our Lives* (Lecciones de mis padres: cien momentos compartidos que cambiaron nuestras vidas), editado por Michelle Robbins, 247. Sanger, CA: Familius, 2013.

Wilcox, Brad y Jerrick Robbins. *The Best-Kept Secrets of Parenting: 18 Principles That Can Change Everything* (Los secretos mejor guardados del *parenting*: 18 principios que pueden cambiarlo todo). Sanger, CA: Familius, julio de 2014.

Wilcox, Brad. *Growing Up: Gospel Answers about Matura-
tion and Sex* (Crecer: las respuestas de verdad sobre ma-
durar y el sexo). Salt Lake City: Bookcraft, 2000.

—«May I Have This Dance?» (¿Me concedes este baile?) The
New Era, 9-7 (1979): 46-49.

Sobre los autores

Brad Wilcox es profesor asociado en la Brigham Young University, donde también trabaja en programas tales como Especializados en la Juventud y Campus de la Semana de la Educación. Creció en Etiopía, África, y también vivió con su familia en Nueva Zelanda y en Chile. Es un autor de éxito con títulos como *Tips for Tackling teenage Troubles* (Consejos para hacer frente a los problemas de los adolescentes) y *Straight Talk for Parents: What Teenagers Wish They Could Tell You* (Verdad para padres: lo que los adolescentes desearían poder contarte).

Su álbum ilustrado infantil, *Hip, hip, Hooray for Annie McRae!* (¡Hurra para Annie McRae!) fue finalista al mejor libro del año en Utah. Él y su mujer, Debi, tienen cuatro hijos y cinco nietos.

Jerrick Robbins es el mayor de siete hijos y ha acumulado un buen número de experiencias que le han enseñado la importancia de fortalecer la familia. Su cuento «It's OK to Cry» (No pasa nada por llorar) fue publicado en *Lessons from My Parents: 100 Shared Moments that Changed Our Lives*. Actualmente vive en Utah junto a su mujer, Aimee. Jerrick y

Brad fueron los coautores de *The Best-Kept Secrets of Parenting: 18 Principles That Can Change Everything* (Los secretos mejor guardados del *parenting*: 18 principios que pueden cambiarlo todo).